九歌小教室6
輕鬆讀三國
對字，多一點感覺！3
黃秋芳 著
蜀

目錄

總序　讀書、寫字，很幸福！　黃秋芳　5
自序　英雄遊戲　7

卷一　三國的預告片
1. 「三」的魔法　14
2. 部落爭霸　21
3. 輕鬆讀三國　28
4. 時間模型　36
5. 兩條河　42
6. 三場戰爭　49

卷二　三國的戰爭片
1. 英雄登場　58
2. 黃巾動盪　65

3. 十八路英雄大會戰 72
4. 必輸之戰 78
5. 官渡大戰 85
6. 赤壁大戰 92
7. 夷陵大戰 100

卷三 三國的英雄片

1. 英雄不死 108
2. 孫堅的建國藍圖 116
3. 一抹高潔而自由的雲 124
4. 偷魏換晉司馬懿 132

卷四 三國的藍光片

1. 《三國演義》大事年表 142
2. 三國人事對照表 156

總序

讀書、寫字，很幸福！

黃秋芳

讀書、寫字，本來是一件最沒有負擔的幸福。學會認字，是我們脫離「幼稚」，長出一點點「智慧」的轉折關鍵，當我們還很小很小的時候，常為了認出一個字，聯近想遠，無限延續，跟著這些飛躍的片段，開心好半天！沒想到，隨著字越認越多，書越讀越厚，那種單純又豐富的「發現的快樂」，壓縮在各種考試、評比的壓力底下，慢慢都凋萎了。

究竟，我們要如何在成長的旅程中，撿回讀書、寫字的快樂呢？

法國學者兼暢銷書作家丹尼爾・貝納（Daniel Pennac），找到一個簡單又有趣的方法。他說：「閱讀就像談一場戀愛！戀人不會對愛情疲憊，也不可能找不到時間。」

「對字，多一點感覺！」這個書系，就像一場又一場「和字談戀愛」的過程。以「認識一個字的形音義」做起點，深入觀察，停格感覺，自由聯想，透過一本又一本不同切入點的「字書」，有時候，想像一個字的身世故事；有時候，從真實的字裡虛構出擬人的悲歡憂喜；有時候又延伸成歷史的理解、小說的聚焦、大自然的體悟，甚至是文化的薰陶、生命態度的實踐……，從小小的字出發，用心領略，聯繫到更寬闊的世界。

這就是為什麼，我們可以發現，在長期使用「簡體字」做為書寫工具的地區，只要浸泡在中文系的薰陶裡，就能辨認出古書裡的每一個字。因為，靜靜去感受字裡沒有說出來的千言萬語時，許許多多人文的情韻、溫厚的思索，都將一點一滴，滲入我們的生活。

就是要先「愛上了」，我們才有機會，一輩子擁抱著熱情，隨時隨地，快樂地讀書、寫字。

自序

英雄遊戲

大人每天起床、工作、睡覺，像一個鐘，不停地轉，讓自己的生活越來越平淡。小孩可就不一樣了，喜歡玩耍，自由天眞，像一條線，不停地向前衝，直衝到終點，讓鐘把自己吸了過去，蟲蛻般變成大人，只留下舊皮，每一張舊皮就是一個童年。

這是我的學生，小學四年級的楊傑鈞在〈大人和小孩〉這篇作文裡寫下的開頭。

說得多有道理！跟著這些文字，彷彿眞的感受到一條直直往前衝的「小孩的線」，讓我們重新經歷一次「轉瞬間變成了鐘」的驚奇之旅。

世界上眞的有好多人、好多事、好多我們知道或不知道的故事，以及一段又一段歷史、一本又一本書頁，像一個又一個鐘，不停地轉。

我們奔跑，像一條線，不停的向前衝，直衝到終點，終於也讓這些鐘，把自己吸了過去。生命不會消失、不會停止。歷史就這樣在不斷輪迴中慢慢向前滾去。不同的時空，不同的人，常常在相同的選擇、相同的錯誤裡，承受著相同的煎熬。

十歲的孩子，怎麼會發現這麼神祕的「人生道理」的呢？忍不住問問自己，十歲的我，都在做些什麼、想些什麼呢？十歲的我，有可能寫出這樣的文字、這樣的意象、這樣的深沉思索嗎？十歲的你，又在想些什麼？寫過什麼樣的文字、什麼樣的意象、什麼樣的思索？

過了十歲以後呢？有沒有想過，我們將如何像「蟲蛻」一般，變成大人？是不是我們也可以想像一下，我們會留下一張什麼樣的「童年的舊皮」？

我開始想像著，英雄輩出的三國舞台，這些還沒有成為英雄或梟雄的小小孩子們，當他們還像一條線，自由自在往前衝的十歲，究竟像什麼樣子？

十歲的曹操，應該還擁有非常幸福的童年吧？他那麼聰明機靈，和堂兄弟們胡鬧時，總可以逃過「大人糾察隊」的各種約束和處罰。

十歲的司馬懿，在嚴肅的父親教育下，博學多聞，此時正用孩子的眼睛，猜測大人們的十八路英雄伐董卓，究竟會形成什麼影響？

孔融十歲時，早就靠著那齣「融四歲，能讓梨」的轟動大戲，大大出了鋒頭；他那可憐的兒子，來不及長到十歲，九歲就留下「覆巢之下無完卵」這句驚天動地的台詞，勇敢地面對死亡。

十歲的劉備比較可憐，父親早逝，跟著媽媽學做草鞋、編草蓆，沿路兜售，連個小店面都沒有，一直到十五歲才出門遊學，認識一些同學，學了一點點扎實的知識。

十歲的關羽和張飛，可能還很頑皮，又愛鬧事吧？

總是被當作「英雄出少年」的孫堅，十歲時大概已經跟著做生意的父親，南來北往，練出一雙人情練達的好眼力，以及雖然稚嫩、但一定不算差的好身手。

十歲的孫策，跟著年輕英武的父親，這時，天下開始混亂，分不清亂紀的官軍是好是壞，也還不太懂黃巾軍是義賊還是亂賊，只能靜靜目睹著人們渴望擁有又很快失去的安定和希望吧？

十歲的周瑜，在詩歌、音樂、文武韜略中，醞釀著日後名動天下的儒雅風華。

十歲的孫權，應該在無所不至的呵護和照顧中成長。

六歲喪父的諸葛亮，十三歲才被叔父收養，十歲時，如果認識孫權，應該非常羨慕這種安定無愁的幸福吧？

這些十歲的孩子，曾經都像一條線，不停地向前衝，直衝到終點，被「歷史」這一座大鐘吸了進去。值得慶幸的是，活在三國世界裡的每一個角色，隨著一遍又一遍的故事翻演，死亡，復活，重新死去，又活起，無論是人物的詮釋、形象的顛覆，或者是視角的轉移，都像一個神祕而又美麗的鐘，不停地轉，轉出嶄新的顏色和芬芳，轉出不同的視野和感動，從來不曾黯淡過。

看著蟲蛻般不斷變出千百種想像和演繹的各種三國故事，每一次不同的解釋，就留下一張舊皮。我們的生活經驗，我們的學習模式，我們的個性、風格，我們喜歡的人物、嚮往的英雄，我們聽過的故事、我們講故事的方式……，都讓我們在閱讀時，蛻出一張又一張新鮮有趣的「皮」。

每一張故事的舊皮，都是一次閱讀的冒險和歡愉。

當我們翻開《輕鬆讀三國》這本書時，一個又一個有趣又有意思的字，勾出鮮明的人物、強烈的勝負，以及簡單又清楚的故事主軸，讓我們在起床、工作、睡覺……這些越來越平淡的日常循環裡，擁抱著孩子般直線往前衝的自由和天真，被吸進「三國的鐘」裡，輕鬆、快樂地大玩一場，絕對不能錯過的英雄遊戲。

黃秋芳

於二〇一二年十二月三日

卷一

三國的預告片

1. 「三」的魔法
2. 部落爭霸
3. 輕鬆讀三國
4. 時間模型
5. 兩條河
6. 三場戰爭

1 「三」的魔法

讀三國時，有沒有想過，爲什麼是三國？而不是兩國、四國，或者是更多國？爲什麼在漫長的華文歷史裡，混亂僵持的三國，可以延續將近一百年呢？

在讀三國之前，讓我們先了解一下「三」這個字。很久很久以前，人們爲了計算數字，畫一條橫線表示「一」、畫兩條橫線表示「二」，畫了三條橫線表示「三」。這些簡單的筆畫，具體呈現出一個單純、安定的世界，但是在這一橫又一橫無限延伸的線條裡，好像又有一個生生不息的未來，即將滿溢出來。

多像我們喜歡玩的遊戲：一——二——三——，木頭人！在將動而未動、想動又不動之間，抓到什麼機會？面臨什麼危機？被抓到變成鬼？還是一路一路往前，勇敢地解救大家變成英雄？

「三」這個字，好像就帶有這麼一點點神祕魔法。

看起來很安定，可是，有無限可能藏在這「緊綳的寧靜」底層，帶著點懸疑，不知道即將開展成什麼樣子？從小到大，是不是常常聽人說著：「數到三唷！」好像數到三，就會有一些神奇的、恐怖的、厲害的、不可思議的事馬上會發生。

我們最容易在童話故事裡看到三的魔法。如果老大很懶惰、老二很懶惰，老三就要勤勞一點；要是老大遇到危險、老二遇到危險，老三就得解救大家：老大往左、老二往右，老三就得傷腦筋；老大很聰明、老二很聰明，老三就要用很笨的方法讓我們發現，笨也是另一種聰明。想到了沒？《三隻小熊》和《三隻小豬》，是不是剛好就是這樣？

歷史也是這樣。劉備必須三顧茅廬，才能得到諸葛亮的信任；孟母三遷，才能好好教養孟子；協助李世民開創大唐風華，並且揭開動人的武俠情義的，不是二俠，也不是四俠，剛好就是風塵三俠。

科學上的三足釘最穩固；三角形最安定；三個圓相交，可以定出一個點，這是GPS（全球定位衛星）的原理。

就算只是想要表現一種「強烈的感覺」，魔法三，也很好用噢！做任何事，大家都要我們「三思而行」；形容時間很晚，就說「半夜三更」；表現時間很長，就說「冰凍三尺，非一日之寒」；長江從源頭穿過千山萬嶺，我們卻只用「長江三峽」就總括了其中的艱險嚴峻。

眞實生活裡，藏著更多魔法三的智慧。

我們用「富不過三代」來教富濟貧；用「逢人只說三分話」切入人生眞相，學習傾聽和沉默的美德；那些非常努力，不顧一切往前衝的人，我們叫他「拚命三郎」；相對地，不想努力、想要坐享其成的流氓、無賴，我們又叫他「癟三」。

我們喜歡用「三」來代表多數，做簡單的總整理。以前的人說「歲寒三友」、「梅花三弄」、「陽關三疊」……，好像可以用「三」來代表

「無限」；孝順有這麼多原則要遵守，只要「不孝有三」，我們就深刻警惕。打開《論語》第一篇：「學而時習之，不亦說乎？有朋自遠方來，不亦樂乎？人不知而不慍，不亦君子乎？」短短的三個準則，從「讀書」、「交友」、「立志」三方面，把人和自己、人和人、人和世界的關係都講清楚了。

同樣地，現代人在寫作或演講的時候，喜歡從三方面做分析概說；用「見山是山，見山不是山，見山又是山」來指涉人生；或者用正、反、合做三次翻疊；就算是青少年文學也會用「Home，Away，Home」做分析模式。仔細體會一下，經過三次反覆，是不是更可以凸顯出一種讓人不得不注意的強烈力量？

還有啊！佛教從梵文直接音譯成漢字的「三昧」，用來形容修行的人，專注在單一的定點，把心集中保持在寧靜境界，講究「念佛三昧」、「法華三昧」、「一行三昧」……。

道教還把人的元神、元氣和元精所發出的眞火，稱爲「三昧眞火」。隨著《西遊記》裡孫悟空熱鬧的降妖伏魔，這些神通廣大的「三昧眞火」，以及各種各樣靈通修煉大戰，跟著現代化，在一本又一本小說、一種又一種過關遊戲中，繼續燃燒，火紅得不得了。

再延伸字的感覺，探索「三昧」這個飄洋渡海，跨國流入漢字世界的名詞。「三」代表多數，「昧」這個字，沒有太陽，也就沒有光線。在這麼多陰暗不明中，只要找到一點點光亮，就可以通往出口，「三昧」的意義超越了佛教的修行，成爲我們一般人找到訣竅時忽然閃現的靈光，所以，我們喜歡用「個中三昧」、「得其三昧」來形容「竅門」，或者說是「祕訣」。

無論讀書、交朋友、做任何事，或者是面對困難挑戰，只要認眞尋找，一定都可以找到一個「關鍵竅門」。讀三國也是這樣。很多人覺得三國人名太多了、背景又太複雜，把讀三國當做一件非常辛苦的事；同樣地，也有很多人特別喜歡三國。

到底讀三國好不好玩呢？

能夠找到閱讀樂趣的人，都找到一個專注的切入點，才能得三國之「三昧」。有人喜歡將軍、有人喜歡英雄；有人崇尚智略，有人尊崇武功；有擁漢派、擁吳派，也會有擁魏派……，熱情支持蜀漢的民初作家周大荒，還寫了本《反三國志演義》，逆反史實，最後讓蜀漢統一天下。

導演魏德聖在開拍《賽德克・巴萊》這部電影以前，為了訓練演員培養出「超殺的眼神」，要求大家付出漫長時間，凝視火焰，直到找出表演關鍵為止。如果我們點起一根叫做「三國」的蠟燭，仔細凝視，會在它的焰心裡看出什麼樣的火花呢？我們又將如何發現，屬於自己的特殊領略？

打開這本書，我們從一個字又一個字切入，認真找出自己的「祕訣」。

我們跟著這神祕的魔法「三」，理解藏在安定中，隨時蠢動著的不可思議力量。這本書的，也將分成三卷，從「時空背景」、「戰爭脈絡」到「英雄形象」，像偵探辦案，抽絲剝繭，一點一滴地拆解延續百年的三國風雲。

有一個成語說「三足鼎立」，只要有三個點，就可以支撐出一個安定的平面。但是，這鼎立的三足，好像很難維持長久的平衡，此消彼長、彼起此落，所以才讓我們的閱讀之旅，充滿了挑戰、驚奇和樂趣。

2 部落爭霸

從小到大，有沒有什麼我們「捨不得放手」的記憶？

回頭想一想，最心愛的機器人？陪我們睡覺的那個抱抱熊？第一次過生日得到的小火車？好朋友？一起做實驗的夥伴？一起被處罰的「祕密盟友」？不想讓他離開的爸爸媽媽？不想讓他搬家的老同學……。

這世界上，總是有這麼多讓我們捨不得放手的人、捨不得放手的事、捨不得放手的收藏，以及那麼多捨不得放手的時間和空間，在記憶裡交織出點點滴滴。

看看古人寫的「手」這個字：，清楚描繪出五個手指頭，充滿渴望，好像必須抓住什麼，這隻手才找得到方向。

這五個手指頭，變成「字的元素」，後來又簡化成三個手指頭，和更多想要抓的人事物結合起來，成就更豐富的世界。我們想像得到最溫暖的字，當然是用我們的手，抓住另一隻手，兩隻手就不再孤單、不再害怕，可以一起面對更多的困境，解決更多的難題。

看，這兩隻手疊在一起：，猜得出這是哪一個字嗎？兩隻手，慢慢重疊、握緊，你的手疊上我的手，我力挺你，你支撐我，爲這個字加進了交會的深情。猜得到嗎？這就是朋友的「友」。

這世界最幸福的事，就是和朋友牽手。朋友相挺，讓我們變得健全、勇敢，誰都不再孤單了。

最不幸的事，恐怕也是在這兩隻手，忽然出現誰都捨不得放手的「X」。無論這個神祕的「X」代表什麼，兩隻手之間出現隔閡，最後一定會產生衝突、產生競爭。

看看這個字：，在兩隻手之間，拉出一條隔閡的線。像不像拔河比賽？大家拚卻全力，誰都不想放開那條繩子。看得出來嗎？這就是「爭」字。

在競爭之前，朋友消失了、親密消失了，讓人很感傷。後來，小篆的寫法讓字體都標準化了，藏在裡的這條繩子，更強烈地區分出這邊和那邊的差異，曾經爲了取暖的兩隻手，更不可能靠在一起了。

人類的發展，大概就是這些爲了「捨不得放手」而引發的各種競爭和征戰。

這些充滿傳說、驚奇，以及各種各樣從快樂、悲哀、生離死別中發展出來的小故事，才組合出複雜又有趣的「歷史舞台」。

所有的歷史，也從這一個又一個傳說開始。

傳說啊，最早最早以前，我們的祖先是「燧人氏」、「伏羲氏」、「有巢氏」和「神農氏」。在遠古蠻荒，只要有一、兩個人偶然發現用火，煮熟食物、天寒取暖、夜裡又可以嚇嚇動物，這些人看在別人眼裡，是不是就成爲一種像「X戰警」一樣具有特殊超能力的「燧人」？再看看伏羲的「羲」字頭，和「羊」字頭是不是很像？人們從最溫馴的羊開始，烤火吃起獸肉了；然後，學會搭蓋樹屋，「有」了「巢」以後，渴望安定的人們，跟著發現種植技術的神農，在「巢」附近耕作，從心裡由衷地生出感激，神農氏就成爲備受愛戴的部落首領。

想想看，從「燧人」、「伏羲」、「有巢」到「神農」，不就像動畫一樣，精準地呈現了人類發展過程中四個重要的進化階段？

這些從黑暗慢慢摸索到文明的「原始人」，沿著陝西中部地區的黃河流域，經過數百年後，發展出無數個從事農業勞動的小部落。

他們經常發生摩擦，各自收服其他更小的部落，在戰爭中逐漸強大。從現代眼光看來，這些多半還算原始社會的部落首領，透過「神話加工」，被傳說成了不起的「三皇」、「五帝」。

「三皇」，指的就是從四、五千年前一路延續的「伏羲」、「神農」和「黃帝」。這時候的部落競爭，還不算太慘烈。

隨著人口變多，部落間的競爭與聯盟關係瞬息萬變，統治興替，以「才能」爲原則，只能傳賢，難以傳子，所以，「統治者」的出線，成爲一場實力優先的「資格賽」。這些爭霸成功的勝利者，取得決賽權以後，又再發動一次更激烈、也更高層次的「王中之王」爭霸賽，最後由黃帝、顓頊、帝嚳、帝堯、帝舜卓然入列，成爲上古傳說中的五位聖王，就是「五帝」。

黃帝，入列爲接近神格的「三皇」裡的最後一人，同時也成爲開創英雄史詩的「五帝」第一人。

三足鼎立的「三國雛形」，就從贏得最後勝利的黃帝所參與的這場遙遠的部落爭霸開始。

連年爭霸，沒分出勝負，很少有人會自動罷手。當時最強大的姬姓部落以「黃帝」爲首領；另一個姜姓部落尊奉深受敬重的神農氏後代「炎帝」；還有一個盤據在長江流域的九黎部族，以「蚩尤」爲首領。

天下的混亂一久，人民渴望整合，這是再自然不過的事。那些小部落、更小的小小部落，在各種人地時事物的因緣牽引下，慢慢都併入這三個部落，交換暫時的安定。

在「你監控我、我威脅他、他緊盯著你」的交錯僵持下，情勢慢慢拉鋸、膠著，三分天下，不再是魔法，而是不得不妥協的現實。

瞧！像不像一段有趣的預告片？強大的「黃帝」像「曹魏」；深受敬重的「炎帝」是蜀漢；遠在南方，不易了解、也極易被低估的「蚩尤」，是不是像極了常常被忽略的「東吳」？

當黃帝聯合炎帝，在涿鹿擊潰蚩尤，打破了三方銜咬、誰都不敢輕舉妄動的「恐怖平衡」後，世界再也不是鼎立僵持狀態，而是一翻兩瞪眼的勝負對決。

最後，黃帝在阪泉擊敗炎帝。表面上，兩大部落聯盟，征服周邊各個部落，結合成以漢族爲主體的「華夏族」，華夏漢族同時也被稱爲「炎黃子孫」；實際上，黃帝正式成爲「部落聯盟」的實際領導者，把各自獨立的部落聯盟，整合成統一的「國家雛形」。

想一想，爲什麼深受敬重的「炎帝」這麼傻，他難道猜不出黃帝打敗蚩尤以後，會轉回來對付自己嗎？爲什麼他不能像諸葛亮一樣，維繫自己的國家，鞠躬盡瘁，直到死而後已？

因爲，黃帝和炎帝同屬於剛烈務實的北方文化，把充滿幻想歡愉的南方文化視爲異類。這是一種比「個人」、比「家」、比「國」，還要更具高度的文化選擇，所以在聯盟之前，他們願意一起勾繪未來遠景，使得小我的慾望，在更大的夢想之前，自動萎縮。

這就解釋了爲什麼在漫長的華文歷史裡，混亂僵持的三國，可以延續將近一百年。整個三國，只有解一時之危的「危機組合」，從不曾出現過眞心眞意的「堅固聯盟」，所以才能繼續糾纏了一百年。

三姓家國延續下來了，生活在其中的老百姓，生活過得如何呢？

魏、蜀、吳鼎立拉鋸，比炎、黃、蚩尤的對戰更驚心動魄，百年爭霸，造就了無數英雄，也踏碎了無限家園，這究竟是幸運？還是不幸？我們找得到答案嗎？

3 輕鬆讀三國

翻過《三國演義》古典原著嗎？拿起書，惦惦看重不重？讀起來，很難懂嗎？還是維持在「還好啦！可以接受」的範圍？

找到機會，記得翻翻原典，無論有沒有讀懂、讀到第幾回，其實都沒有關係。

整部《三國演義》，描述人物超過三千人，眞正出場表演的也有三百人，我們了不起記得三十個人，眞談得上很喜歡的，不過也就兩、三人。大部分的讀者，看到這麼多人物一湧而來時，很容易心慌，幾乎每個人都會經歷這些過程，咦？這個人的名字前面有看過，他是幹嘛的？心一急就往前翻，就像在讀英文小說時，遇到每一個生字都停下來查字典，忙著對譯，這樣讀書，痛苦極了，簡直像在做功課，哪有什麼「讀小說」的樂趣呢？

有一些人被龐雜的人名嚇壞了，也被繁複的殺戮讀矇了，居然還緊張兮兮地追問：「張角跟張讓是什麼關係？」、「甘寧夜闖敵營帶的是三百人還是八百人？」、「怎麼辦？十常侍的名字，我總是背不起來。」

天哪！又不是要模擬考。張角跟張讓一點關係都沒有；甘寧以小搏大的價值，不會受數字影響；十常侍上網一查就一堆資料，硬要背下來，不是跟自己過不去嗎？

記得，閱讀是爲了享樂。我們要培養一種輕鬆閱讀的能力，看不懂就跳過去，讀不下就擱著，在心情最好的時候拿出來，一邊看一邊跳也沒關係，只要有一些關鍵字、有一些喜歡的段落，刻印在腦海裡，記得一、兩個段落，感受奇特的渲染力，這就夠了。

當我們看一部喜歡的電影、看一本入迷的小說，會去研究這件事發生在幾年？那場戰爭死了幾個人？誰跟誰到底什麼關係、會在什麼脈絡遇到誰、然後會怎樣嗎？根本不可能嘛！

三國也是一本迷人的小說，要用入迷的感覺去讀它。有一些人物忘掉了，不要管他，繼續往前閱讀，只要理解了大框架，起來晃一晃、繞幾圈，有一些原來印象不熟的角色，忽然又跑回來了，這樣，就可以享受到一種「原來多了個老朋友」的驚喜。

在學習的歷程裡，一定要牢牢記住，沒有樂趣，等於沒有價值，當然也完全無效。

想想古代人讀的書，不是刻在甲骨上，就是寫進竹片，就算跨進超級進步的時代了，也要寫在絹帛上，捧一大堆布耶！那才眞叫做沉重。這一對照，是不是大家都眞的很安慰，我們讀書，眞的很輕鬆耶！讓人驚奇的是，就算捧著這麼重的書，古人還覺得讀書很輕鬆、很快樂。

不信？看看「巠」這個字：，三條清晰流暢的水脈，流到地上去，可以流到更遠，滋潤了更多土地。字就像留下古人的日記。「巠」就是「經」的古字，代表寫在布上面的書，清晰、流暢，帶給我們營養，也帶給我們快樂。

後來，「巠」被移做表示聲音的「造字積木」，相當於古人的注音符號，我們叫做「聲符」。

這些「同音大家庭」的字，發明得越來越多，「巠」這個「聲符」，像忙不過來的超級大明星，到處趕場，不得不請了個助手，加上「糸」部扮演它原來的角色，「經」這個字，就是期勉大家好好珍惜這些用珍貴絲布做成的「非常重要的書」。

可以說，「巠」加工過的字，都帶著水流湧進大地滋潤般的歡愉和舒適。

這是個很棒的「聲符」吧？加上一個「車」字，當然更如同天馬飛翼，輕鬆快樂得不得了！我們讀書啊！就是要輕鬆，才能每一本書都翻得有趣又有意思。

想不想輕輕鬆鬆讀三國呢？試著用一種看電影的心情，在腦海裡勾繪出自己想要看的是一部怎樣的電影？在哪裡拍的？古裝片嗎？有哪些明星？好不好笑？悲情？還是很熱血？

這時，我們是不是很想先看看預告片？無論從電影、電視、電玩，或者是閒暇時的聊天，我們常常可以聽到桃園三結義、過五關斬六將、赤壁大戰、瑜亮情結、單騎救主……，這些碎片一閃而過，會吸引多少人想看呢？還有哪些是更有趣的片段？

如果我們有機會，當一個全方位的導演，籌拍一部《三國》大戲，試著在心裡好好盤算，想邀約哪些明星，擔任我們指派他上場的角色？我們要做好什麼樣的基礎準備，才能引領更多人，進入我們編織的神祕世界？這就是讀三國以前，我們可以養成的遊戲心情。

在自由創造以前，我們要像大導演畫「分鏡表」一樣，先準備一個「拍戲的模型」，畫出我們自己的「時光分鏡」，讓每一個想要演戲的人、看戲的人，都可以輕輕鬆鬆，走進三國世界，自由地切一段時間，挑出幾個角色、幾段情節，像炒菜鍋般翻個兩下，創造出一種「想像美味」，走過每一段「歷史時光」，都像一場電影落幕，嶄新的另一批歷史演員又要上場了。

想要培養「閱讀豪情」，關鍵字就是「大」。豪就是大，不要忘了提醒自己，大概大概就好。

我們非常清楚，讀小說，既不需要歷史考證，更不是在數學計算，只要註明每一個朝代約略的「建國時間」，這樣就能簡單清楚地認識在幾千年的歷史中，三國這一百年，應該出現在哪一段。

注意看唷！幾千年的歷史，畫出「時光分鏡表」，就變得這麼簡單：

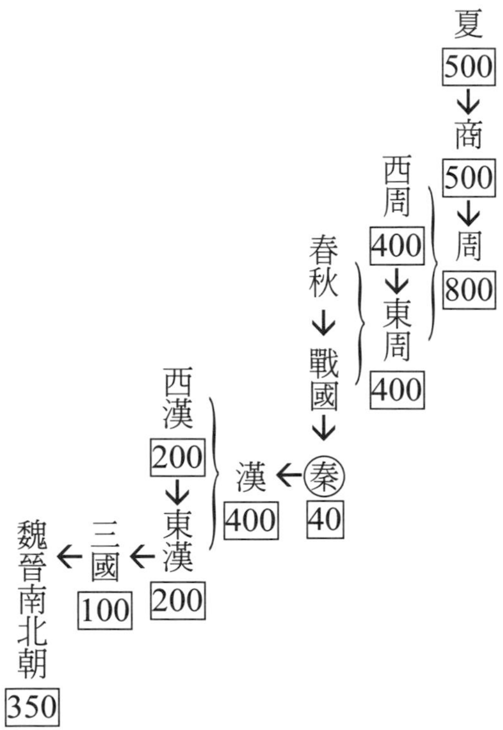

當帝舜傳給禹，國家初具規模後，禹傳給兒子，開啓中國「家天下」的領袖傳承模式，漢字歷史就從夏、商、周開始。

這時，歷史開始出現一些有趣的循環，瞧，夏朝五百年，商朝也五百年。人們喜歡說，五百年修得什麼同船渡啊！妖怪也可以變人形，感情機運遇合更是多所變遷，可見，「五百年」對人們來說，長到跨過一個世代，所以，都有悠悠歷歷、改朝換代的感慨。

周朝八百年，看起來歷史變長了，其實，當中又被切爲兩半，西周、東周各四百年。人們的能力增加，逆來順受的忍耐力跟著縮短，時代的變遷自然會變多又變急，一定比五百年更短。

從周朝以後，「恍兮惚兮五百年」的漫長時光，都成爲越來越不可信的神話傳說。現實生活中的爭逐，越來越激烈，爭霸天下的智計攻略，也越來越精細，歷史的興替當然越來越急，秦朝只維持短短四十年，彷彿一切在混亂中的全面統一與改革，都在爲大漢做準備。

有沒有注意到，秦朝被一個小小的「圓」圈起來，還平行過渡到漢？

那是當然的啦！因爲秦始皇只比劉邦大兩歲，他們可以說是「同一時代的人」，經歷了同樣破碎的戰國歲月。漢朝在幾個歷史上有名的賢君名相經營下，也只維持了四百年。西漢從西元前二〇二年開始，東漢又延續到西元二二〇年，像周朝一樣被切爲兩半，西漢、東漢，剛好跨過西元零年，前後各兩百年。

商朝重複了夏朝的歷史軌跡；漢朝又重複了周朝的歷史軌跡。到了東漢末年，各路英雄崛起，好像又重複一次「部落小國」爭逐天下的歷史軌跡。最後，魏蜀吳的崛起，就像黃帝、炎帝和蚩尤，整頓混亂破碎的部落聯盟，重新在歷史舞台上，翻演三足鼎立的部落爭霸，直到最後整合成統一的「國家雛形」。

歷史的滾動像一個不斷重複的橢圓，看起來相像極了，其實又不斷向前滾去。

新生的故事，不斷在舊傳說裡加進更多的曲折變化，多了些時間長短的差異、多了些英雄豪傑的骨血，當然也多了些生命起伏的歡愉和寂寞。

4 時間模型

怎麼樣啊？用「大概大概就好」的豪情來讀三國，是不是變輕鬆了呢？

如果覺得這樣「隨便讀書」，態度好像不太「正確」，不要擔心，只要翻到這本書最後一卷「三國的藍光片」，像世界上頂級的收藏電影一樣，我們也收錄了好看又有用的〈三國演義大事年表〉。從西元一八四年，黃巾作亂、桃園三結義開啓了三國序幕，一直到西元二八〇年，孫皓投降終結三國爲止，這前後九十七年的大事，像大導演分鏡時準備的超級大看板，準備好對照「現代西元」和「古代年號」的參考年表，有興趣時翻一翻，找時間Google一下，所有的年代細節，都整理得一清二楚。

看看「表」個字，古人寫成，有沒有注意到，在這件大外套的胸口處，標示出又鬆又軟的「毛」材質，穿起來，不只是美麗，而且非常

輕鬆、舒適。

不要忘記，「表」就是要讓人覺得愉快。每一個人、每一個地方，甚至是我們做每一件事，如果想要讓人留下美好的初步印象，一定要付出更多事前的準備，無論是在外表上打扮得符合我們的型，或者是在讀書時做一些可以更輕鬆快樂的預習，都是非常美好的事。

只要善於運用這個超級方便的〈三國演義大事年表〉，我們寶貴的腦袋，就可以輕鬆建立一個很簡單、又很有用的「時間模型」，簡化基本結構，確立出大框架；再填進英雄、烈士、戰爭……；最後，重組這些人事物相互牽引出來的各種影響，立體呈現出「整體大局」，就可以深刻地把三國變化，刻在腦海裡。

當我們根據這個「時間模型」說，三國百年，就是一個很簡單的「整數展示」。這時，千萬不要殺風景地跳出來更正：「錯！三國前後，共九十七年。」

百年就百年，幾千年的人類歷史，差個三、五年，沒什麼影響。只要跳出拘泥其中斤斤計較的陷阱，不但掙脫了死背的痛苦綑縛，還可以把視野提升到綜攬全局的高度，用一種更輕鬆，同時也更清楚的視角，看懂這百年變動。

首先，我們先把這一百年切成兩半，不安定的緊繃動盪，應該比安定下來的三分天下，稍稍短了一點，所以，先分成前期四十年、後期六十年。開創天下的曹操、劉備，以及出場絢爛卻又短暫的孫堅、孫策、孫權，多半集中在前期；偏安重整的諸葛亮、司馬懿、陸遜等人的故事，集中在後期上場。

接著，檢查前期四十年爭戰，各種武備勢力像一大盤破碎的拼圖碎片，在渾沌不明中糾纏、拉鋸，直到三分勢力成形，就像拼圖時，先在顏色、形狀上找出具有相關要素的碎片，這個組合過程會比較長；而後依據大塊拼圖重整拼貼，速度就會變得很快。所以，動盪與重整，約略花了二十五年；一旦進入三國混戰，消耗的人力物力太大，必然不能持久，約略持續十五年。

到了後期，六十年對峙，在「你監控我、我威脅他、他緊盯著你」的連環監控下，偏安時間會拉得很長，長到四十年。一但有人打破了這種均衡，收尾的工作就會變得很快，快到只需要二十年，這盤混亂複雜的「天下拼圖」，很快就完成統一。

瞧，三國的時間模型，很簡單吧！「動亂二十五年、攻防十五年、對峙四十年、毀敗二十年」，很容易就記起來啦！

接下來就可以深入思考，如何在這四段時間軸裡，裝進我們對三國的整體理解。

第一段「**北方動亂**」時期，盤繞在黃河南北的北方戰場，這就像一篇文章的「背景」，整個歷史舞台，緣起於黃河，黃淮平原，一直是最主要的政治舞台。西晉史家陳壽編撰《三國志》，從東漢末期西元一八四年黃巾亂後的動亂開始寫起，所以，後來的歷史學家多半以「黃巾之亂的結束」，定為三國時代的開始。

這段時間，烽煙遍野，四地梟雄群起，山河破碎，誰都不願意輕易臣服。直到西元二〇〇年「官渡大戰」前後，整合的勢力由袁紹過渡到曹操。曹操在不可能的劣勢下逆勢突起，成爲這一段歲月裡最搶眼的輝煌；同時也在他最得意的鼎盛處，大軍南伐，在西元二〇八年的「赤壁之戰」重挫，才確立天下三分大勢。

第二段「三國爭霸」時期，像一篇文章延伸背景深入「細節」，呈現更激烈、更深刻的爭戰。從西元二〇八年的「赤壁之戰」到西元二二二年的「夷陵之戰」，可以說，整部《三國演義》的高潮，都鎖在這個緊繃的狀態，只要逮到機會，誰都想打破這個緊繃現場，你要攻我，我要攻你，隨時隨地提心吊膽，永遠不知道誰會贏？誰會輸？

到了第三段「偏安對峙」時期，西元二二二年的「夷陵大戰」讓蜀國元氣大傷，像一篇文章寫到了「意外的變化」，需要重新整理，找出新的可能。諸葛亮休養生息，七擒孟獲，六出祁山，後來又由姜維接棒，北伐中原；在這同時，吳國的繁華富庶養成宮廷內耗；曹操獨強的北魏，子孫們都鬥不過司馬懿。可以說，不只三國的外在環境僵持，三國的經營守成也都面臨考驗。

在偏安中享受繁華的危機，就讓三國毫無控制能力地進入第四段「**毀敗滅國**」時期，算是三國這篇曠世奇文的「結論」了。從西元二六三年西蜀亡國開始；兩年後，魏國消失；西元二八〇年，東吳投降，整個三國尾聲，國勢弱到難以支撐，皇帝弱到無法堅持，沒有捲起天下風雲的英雄長才，也沒有義薄浩瀚雲天的光榮史頁。

衰亡像煙花消失，無邊的夜暗，四面八方湧來。那些說不盡的繁華絢麗，都只留在傳說裡。

5 兩條河

有沒有過任何迷路的經驗？找不到熟悉的地景，四地茫然，很可怕吧？讀歷史時，會不會也生出迷路般茫茫然和我們不相干的感覺？

不要怕！對付這種「迷失感」，最重要的就是「搞清楚自己在哪裡」。用現代化的說法就是，趕快把座標找出來。先運用「時間感」建立縱座標，接著，簡化地圖，找出「空間感」，確立橫座標，很快就可以掌握關鍵點，知道自己身在哪裡，接下來該往哪裡去。

「座」這個字，就是一場莊嚴誠懇的「人生的定點演出」。把兩個人面對面放在地上，就是「坐」字，一方面顯現歸納收斂的「自我要求」，另一方面也嘗試演繹應對的「人和人的聯結」；再加上表示高敞的「广」，強化了立體存在的空間感，使得「座標」這兩個字，跳出既定的刻板印象，在科學的專業術語之外，還蘊涵著一種「上窮碧落下黃泉」

後，終於標出定位後的驚喜。

只要把「時間感」和「空間感」抓對了，閱讀和學習就可以變簡單，才能感受到「輕鬆讀三國」的樂趣。

我們用「動亂二十五年、攻防十五年、對峙四十年、毀敗二十年」，標示三國百年的時間感；現在，還可以用「黃河」、「長江」這兩條河，點出三國鼎立的空間感。

首先，在「官渡大戰」前後，所有的故事，幾乎都集中在黃河南北，這是三國最初的舞台。

北方統一後，跨過黃河往南，吳蜀聯軍在長江擋下魏國，打了場漂亮的「赤壁大戰」，從此，所有的征戰拉扯，被擋在長江以北，在兩條河中間，糾纏了十五年的烽火。

接著，整個舞台往南移。透過南蠻征戰，開啓更遠的視野，這所有的準備又兜回來，聯繫水路，繞向祁山，水路兩邊一起鋪陳，慢慢又把舞台從南往北推移。

說到綿延約數十公里的祁山，雖然被譽爲「九州之名阻，天下之奇峻」，驚悚一點的說法是「地扼蜀隴咽喉」，講得白話一點，它座落在四川邊界，大可以畫成漫畫，手扠著腰對天下來來往往的英雄放話：「我不讓你過，你也別想過得去！」

不過，還是靠諸葛孔明情有獨鍾，堅持六出祁山，絕不繞道，才讓它在歷史上永垂不朽。

諸葛亮的名氣比祁山大，所以祁山就沾了光。相較起來，長江的名氣比曹丕大多了，所以，我們探索戰場在兩條河間的游移變化時，也會發現，曹丕跟著長江出了點鋒頭，當然也小小地丟了點「面子」。

大家都知道，曹丕是曹操的兒子，不太知道的是，曹操的「兒子們」很多，光是在《三國志・魏書》裡找得出確實可靠的名字，就有曹昂、曹彰、曹植、曹熊、曹鑠、曹沖、曹據、曹宇、曹林、曹玹、曹峻、曹矩、曹幹、曹上、曹彪、曹勤、曹乘、曹整、曹京、曹均、曹棘、曹徽、曹茂……。這一長串排下來，很嚇人了吧？說不定還有一些我們不知道的「無名兒子」，因爲沒什麼大事發生，根本來不及記在史書裡。

這些「兒子們」各自遺傳了一些曹操的基因。長子曹昂，勇猛無懼，在他初崛起時爲了救他而戰死；次子曹彰好武，志在天下；曹植很有才華，浪漫得過度；曹沖聰明，但是短壽，其他的兒子有的身體太不好，有的太愛打仗，每一個人都偏向這個、偏向那個。

說起來，最像曹操的還是曹丕，分到一點點文采、一點點謀略、一點領導能力，綜合起來，總成績還算不錯啦！這個好不容易搶到「第一名」才順利接班的曹丕，卻在長期征戰疲憊後，像騎馬打仗輸了又不認帳的孩子，哭喪著臉，留下了一句「名言」：「老天爺爲什麼要製造出長江呢？簡直就是爲了要分割南北劃分天下啊！」

很多人都認爲，曹丕很像他爸爸，但這句話特別不像。曹操雄才大略，怎麼可能生下一個這麼不成材的孩子？

想想看，曹丕這句話，眞的不成材嗎？還是在長期混亂後，不得不承認的事實呢？

讓我們透過「時間軸」和「空間軸」的概念，重新回想一下，三國的時空背景。

在時間上，回溯東漢末年的時代氛圍。皇帝不夠聰明、不夠認眞、不夠有見解，就讓身邊最親密的人，像侍候皇帝的宦官，或者是皇后的親朋好友這些「外戚」，找到機會，把持權力。

這種力量太迷人了，像擂台賽一樣，外戚、宦官兩大集團相互競爭。一下子外戚贏了，就殺了宦官集團，換了一堆自己人當官；一下子宦官贏了，又殺了外戚集團，重新換一堆自己人當官。這樣反覆循環，人才死了大半，國力耗損得也差不多了。

中央政治衰敗以後，缺少管理和約束的力量，地方局勢一定會混亂。「黃巾之亂」點燃了第一根火花，接著地方勢力大增，天下大亂，群雄並起。

接下來，在空間上，我們必須先了解，文明的發展，依賴著大河的生養。

在中國地塊上，最重要的兩條河，就是黃河和長江。黃河浩浩蕩蕩從黃土高原沖了下來，沖積出悠遠開闊的北方平原，人們的互動多，往來緊密，文明開展較早，大局容易底定；到了南方，山水阻隔，曲曲折折的長江，迂迴滲透，處處水鄉澤國，各自孕養著自給自足的小小莊園，偏安而富庶的生活，讓人既不想強硬起來征服別人，又不願意輕易柔軟下來投降臣服，所以很難整合。

結束三國混亂的，不是南方的東吳，但在蜀、魏間隔兩年就消失在歷史舞台，東吳卻又偏安僵持了十幾年。到了後來，分裂的南北朝，最後的結局也幾乎重複了同樣的軌跡，講究胡漢改革的北方民族，熔鑄文略武功，揮軍南下，重整了破碎的分裂歲月，讓全國邁向統一。

曹丕看透了長江天險的地理侷限，又受制於司馬懿蠢蠢欲動的內政危機，不知道如何再打下去，乾脆就承認現實，提早從「統一天下」的迷夢醒來。

這是他的不幸，其實也是他的幸福。

相對地，幽居草廬仍能看透天下三分局勢的諸葛亮，卻爲了報答劉備知遇之恩，逆勢而起，終其一生，都活在誓師北伐的殘局中。

聰明的諸葛亮，究竟有沒有想過，他的奮力經營，凸顯出蜀魏相爭的剛烈，但也打破了鼎足而三的恐怖平衡？他是不是預見了蜀國大敗後，吳國也不長久的未來？還是，堅持要「鞠躬盡瘁，死而後已」，就是他的人生選擇，不願從「統一天下」的迷夢醒來，也是他心甘情願擁抱著的「不一樣的幸福」？

6 三場戰爭

我們從部落爭霸的模式，了解了三分天下的恐怖平衡；從時間模型和空間上的兩條河，建立起閱讀三國的座標。現在，只要注入這段歷史的「主幹」，再繞著這些主幹歧伸更多相關的人和事，就可以非常輕鬆地讀完整個三國故事。

最能凸顯三國歲月的主幹，莫過於「戰爭」。

試著把「戰」這個字拆解開來，像一張孤獨而堅決的「古代俠客圖」。一個人，穿著護「甲」，背上尖銳的「戈」做武器，「吅」這個字就是古代的「喧」，幾乎讓我們聽到了這些武士內心的渴望，彷彿一張嘴巴還不夠，要張起兩張嘴巴，才能大聲呼喊出全部的壓抑和力量！

當不同的渴望撞擊時，多少驚天動地的故事就藏在這裡。《三國演義》的作者羅貫中，在開卷詩引用了楊慎的〈臨江仙〉，呈現這些滄桑人事：

滾滾長江東逝水，浪花淘盡英雄。是非成敗轉頭空，青山依舊在，幾度夕陽紅？

白髮漁樵江渚上，慣看秋月春風。一壺濁酒喜相逢，古今多少事，都付笑談中。

藏在三國爭戰裡的這麼多往事、這麼多英雄，以及無限是非成敗的起起落落，可以說就是靠著三場戰爭而相續開展。

還記得在「時光分鏡」裡，我們把漢朝換成西曆，跨過西元零年，西漢、東漢前後各兩百年嗎？

西元二〇〇年的「官渡大戰」，不只宣告東漢的結束，更藉著曹操與袁紹的對決，揭露這決定三國舞台最重要的第一場戰爭。

古代的資源分配，並不公平，無論是讀書或做事，貴族壟斷了大部分的機會。當年最被看好的世襲貴族就是袁紹，世代公職，封國千里，每個人都認爲，他應該會有一個取代國家領袖的機會，一直到十八路英雄成軍的時候，大家還是認爲天生的領袖就是袁紹。

但是，從古到今，總是有一些逆轉局勢的人。當他們成功的時候，我們叫他「英雄」，即使失敗了，我們也在歷史長廊上，看見了他們永恆不滅的身影。

透過「官渡大戰」，我們看到一次命運的推翻與逆轉。當大家以爲官位、權勢都來自於天生家世時，這場戰爭的優勢，從袁紹過渡到曹操，這是平民意志與決心的全面勝利。

我們看到曹操如何逃竄，如何又有賣命死士忠心耿耿來解救他，在長達十個月反覆逃竄與解救的過程，終於全面打敗袁紹，取得「發球權」，再辛辛苦苦打到二〇七年，總算統一了北方。

經歷過二十年艱難漫長的苦戰，人們剛想要喘一口氣，志得意滿的曹操，居然大軍南下，想要一口氣整併全國。

西元二〇八年，他發動「赤壁大戰」，蜀吳聯防，高潮迭起，而後決定了天下三分的局面。

大戰之前，孔融試圖勸阻。

看到「孔融」這個名字，有沒有想起在讀經班裡背過的《三字經》：「融四歲，能讓梨」？這個「孔融讓梨」的男主角，可以說是歷史上最有名的小童星。四歲時，當大家開開心心在吃梨，老爸發現，他怎麼拿了個最小的梨子呢？小孔融就解釋啦：「我年紀小，應該拿個最小的；大的留給五個哥哥吃。」

「你還有個弟弟哩，弟弟不是比你還要小嗎？」老爸像綜藝節目主持人一樣故意逗小孔融，他可不是爲了演出，他是眞心這樣想：「我比弟弟大，我是哥哥，我應該把大的留給弟弟吃。」

孔融的溫暖和熱情，不只讓融爸爸，鄰居親友也都很喜歡他。這樣的孩子長大以後，當然還是關心著每一個人，希望大家都可以過安居樂業的好日子。

北方戰亂太久了，曹操替大家帶來一點點光明的希望，他就投靠曹操，在他身邊做一些文書工作，並且以孔融的聲望，協助北方安定。沒想到，生活才稍稍平靜下來，曹操又要南征，他出面勸阻，剛攀進生命巔峰的曹操，不但聽不進去，還找了個理由逮捕孔融。

當逮捕軍隊出現，孔融兩個孩子，仍然開開心心地玩遊戲。孔融看著兩個天真的小寶貝，心酸地哀求：「能不能放過我的孩子呢？」這時，才九歲的小小融，笑了笑說：「老爸，你看過世界上有哪個鳥巢打翻了，跌下來的蛋卻不會破的嗎？」

換成文謅謅的「古人的台詞」，這一句「覆巢之下，焉有完卵」，不但把孔融的兒子推進歷史，成爲另一個閃亮的小童星，同時也變成我們現在非常喜歡借用的成語。

曹操殺了孔融全家，他自己最心愛的兒子曹沖也病死，還有一些命理占卜家提醒他，這是個不太吉祥的流年，只是，曹操都聽不進去。這年，他五十三歲，在人生最顛峰的時候，從「赤壁」挫敗中摔了下來，好像在最快樂的瞬間被切斷，對他來說是生命很大的打擊，再也沒辦法回到意氣風發的高峰，此後只有不斷的耗損。

從此，魏蜀吳三國各自經略。無論在內政或外交上都竭盡所能，誰都想統一天下，但是，在微妙的三方牽制下，誰都不能打破平衡，只能在三國邊界的牽制拉鋸中，發生一些小小的戰爭，不斷在耗損緊繃著的每一個人。

西元二一九年，關羽包圍樊城，水淹七軍殺龐德，但在魏吳聯手下，敗走麥城，荊州失守；第二年，曹操病故，因為和關羽的死亡時間太接近了，形成很多附會傳說。相信嗎？人們還喜歡津津樂道，曹操是被關羽的鬼魂嚇死的。

這段時間，三國的英雄猛將，像串粽子一樣，在同一時期相繼死亡。

二一九年關羽死亡、二二〇年曹操死亡、二二一年張飛死亡、二二三年劉備死亡，好像有一群英雄豪傑，相約好一起去投胎，一起在一個壯闊的舞台上完成了他們的人生使命，然後在同一時間集體落幕。

這樣的集體落幕，糾纏進什麼大事呢？就是西元二二二年的「夷陵大戰」。

劉備和張飛為了幫關羽報仇，掀開了連諸葛亮、趙雲都不願意打的夷陵之戰。蜀國最好的文臣諸葛亮，蜀國的常勝將軍趙雲，都說這場仗不能打，但是，皇帝非打不可，這場仗，從一開始就注定他們的死亡。

隨著這一批「老演員」，集體退出他們的人生舞台，生死榮辱，繁華消歇。接下來，繽紛又混亂的三國戰爭拼圖，在波濤起伏的生命汪洋裡，換了另一批更年輕的「新演員」決定未來走向。魏國專心經營北方，吳國專心經營南方，諸葛亮在蜀國專心經營西南方，人民過了段稍稍安定的歲月。

我們也將循著「官渡大戰」、「赤壁大戰」、「夷陵大戰」這三場戰爭所聯繫起來的大主幹，釐清三國的進行邏輯，繼而進入更細密、更周全，同時也把許多相關人事物都解說得更清楚的「戰爭世界」，繼續拆散又組合出各種磨合碎片，激撞出更多讓我們感動吁嘆的英雄風華，讓這主幹之外的枝葉，跟著豐潤起來。

卷二

三國的戰爭片

1. 英雄登場
2. 黃巾動盪
3. 十八路英雄大會戰
4. 必輸之戰
5. 官渡大戰
6. 赤壁大戰
7. 夷陵大戰

1 英雄登場

很多人談三國，喜歡從十常侍的亂政，張角、張梁、張寶三兄弟的符咒法術，或者裁切各種充滿戲劇性衝突的小故事慢慢說起。

其實，想要輕鬆讀三國，只需要理解整體框架，感受到當時的社會風氣，直接切入「黃巾之亂」，就可以找出三國起點。《三國演義》第一回，就以「宴桃園豪傑三結義，斬黃巾英雄首立功」，揭開三國序幕。這就像做一個「三國蛋糕」，主要的口味是「戰爭」，那些枝枝節節的背景解說，只是盤繞在「戰爭蛋糕」上的小小花邊，看起來漂漂亮亮、嘗起來甜甜蜜蜜的就夠了，不需要放大比重。

不過，「戰爭口味」說起來很熱鬧、很壯烈，嘗起來卻很苦澀，用一整個動亂世代的人民傷痛，調和烘焙出來的嗆辣。我們回想一下，東漢末年，原本應該代表規範和秩序的朝廷，自己都失控了，一下子宦官殺官吏，一下子官吏殺宦官，這些官吏不是什麼賢明之士、聰明之人、愛才之人，大部分都是皇后的親戚，沒有經過嚴格篩選，剛好家裡出了個大美女嫁給皇帝、當上皇后，就可以享盡榮華富貴，做官，就是最容易達成榮華富貴的捷徑。

因爲皇后而產生這一大堆的官，爲了保護自己，需要擁有更多更大更長更久的權力。但是，權力有限，官的權力越大，皇帝的權力就被掠奪，久而久之，不想再忍耐的皇帝，就聯合身邊最能幫他的忙的宦官，殺了皇后的親戚；這些充滿危機感的外戚，不得不團結起來殺宦官，宦官又想盡辦法殺了外戚。

除了東漢末年，再找不到這種循環不斷的恐怖殺戮。像過關電玩，這一派殺光了那一派，接著那一派又殺光了這一派。先是宦官弄權，外戚又聯合起來干政，宦官不甘願，接著外戚又來了，直到整個王朝外在被架空，內部被劫持，徹底崩壞到精神靈魂都抽空，只留下虛有的外在，一如我們看到的殭屍電影。

世界的緊密秩序，就隨著所有的殺戮，慢慢崩裂。每一場的殺戮背後，預告著接下來更苛刻的奪權和奪錢，充滿忿恨、不安，再多都覺得不夠，總是張望著別人，爲什麼會更有權、更有錢？

這時，唯一的平衡和對抗，大概就是「個人的自由意志」了，藉著我們最在意的信念，每一個分岔點堅持下來的選擇，成爲最重要的希望。每一個人的名字，也就成爲一種象徵，一種「心志的告白」，一種爲了符合社會期待和群衆觀感的約束力量。

這就是古代人有趣又讓人尊敬的地方，用名字代表「一輩子的信念」。比如說，有一個人叫做司馬直，可想而知，叫這樣名字的人一定非常乖，如果從小到大常常做錯事，還敢叫「司馬直」嗎？

這個非常正直的司馬直，覺得社會腐敗得太厲害，從小立志要改變世界，認眞奮鬥，努力向上，直到他當上官，以爲自己有能力撼動這個世界時，卻變得更迷惑，因爲他發現，官上面還有官，更上面的官一直跟他要錢，用現代的物價觀念來解釋，如果上層主管每年索賄七百萬，但他的薪水一個月才一萬塊，怎麼辦呢？這個堅持正直的司馬直，被不正直的大環境綁架了，還被訓斥：「笨蛋？你不會跟人民要嗎？少說也可以要個一千萬。」

這就是規範和秩序都崩裂以後，最恐怖的循環。不斷剝削、不斷欺壓更底層的人。堅持要「活得很正直」的司馬直，終於忍不住說：「這種官，我不要做了。」

本來以爲不做官，自己就解脫了，這時他才發現，必須繳三百萬才可以辭職。要怎麼做才湊得到三百萬呢？最後，司馬直用「自殺」來反抗這個黑暗時代，這是他唯一可以宣示「自由意志」的方式。很慘吧？可是，這不是特殊的「個案」，是整個東漢末年的「常態」。可以說，大環境從上到下、從頭到尾的壓榨，掠奪了大部分人生存的機會，直到人民受不了，想辦法在困境中掙脫侷限，在這無止盡的掙扎縫隙裡，創造希望，也創造出英雄群起的局面。

這就是爲什麼，讀三國，要從「黃巾之亂」開始。

黃巾之亂，凸顯出一個無從逃躲的背景，貧窮的困境把大家逼到一個「絕望懸崖」。當悲痛苦澀緊繃到無可奈何、無法再忍耐的時候，人們隨時可以死亡、隨時可以自殺、隨時可以動亂，同時也激撞出反抗、殺人的力量。

我們看「力」的古字：，其實只是一個非常簡單的農具，有柄有尖，用來鬆土翻地，隨著汗水和力量，種下種子，等待發芽，同時也懷抱著「好好活著」的希望。

這是力量的源頭，生命最初的簡單和美好，隨著文明發展，以及相伴而來的慾望和競爭，力量，竟成爲現實生活裡最殘酷的角力。

西元一八四年年初，黃巾之亂爆發。張角以驚人的聲勢迅速崛起，動亂蔓延。

國家急著鎮暴，在動亂最嚴重的地方，把中央極權的「刺史監察區」，改設成握有實權的「州牧」，讓在地力量更快、也更有效地平定亂軍，延緩黃巾之亂的蔓延，也順利在年底剿平暴民。但是，這個倉促推出的改革制度，沒有任何配套措施來約束這些新勢力，手握重兵的刺史和太守，很快就生出野心，藉著在混亂中拓展出來的實力，形同軍閥割據，揭開一長串殘酷爭戰的序幕，這才是三國分立的遠因。

黃巾之亂所造成的這一整年動盪，像打翻一整盒天下拼圖，碎片四散。戰亂迸裂，瓦解了上流階層的既得利益，拆掉國家的界線和綑縛，大大小小的力量，一找到自己的位置，就擠進爭霸天下的縫隙，趁機冒了出來。

這一年，像電影預告片。一個又一個英雄人物輪番露了個臉，我們還不知道，舞台聚焦，會照亮哪一個人？

曹操二十九歲、孫堅二十九歲、劉備二十三歲。不久的將來，即將接棒上台表演的孫策和周瑜，一個十歲、一個九歲，他們兩個是好朋友，年紀當然差不多，根本就是結拜的哥倆好。而在未來爭奪「最佳男主角」的可能人選，像諸葛亮、孫權、司馬懿這些人，都還是十歲以下的小孩，擠不進歷史舞台，找不到機會亮相。

想起來多有趣啊！日後將以「羽扇綸巾，神機妙算」形象，讓大家傳誦不已的「阿亮哥」，在三國開演的這場序幕，才只有三歲耶！

2 黃巾動盪

當黃巾之亂打翻了統一的天下拼圖後，這四地的碎片，不斷冒出各種不同階層、不同生命追尋的各色人物，因應不同的發展條件，深沉運用各種謀略、人才、軍隊，各自在混亂中掌握機會，同時也創造機會。在這麼多竄擠著渴望要冒出頭的角色裡，我們可以找出幾個重要的名字，像車輪的軸心，藉由不同的人際關係，把世界扣在一起，一地一區，一點一滴，慢慢找出重新拼組的秩序，才能清理出歷史趨向，形成主軸，帶著我們不停地往前走。

試著拆解「輪」這個字。先用「侖」做聲符，表現出信念的基底，「亼」代表群集、會合，一種思緒和感情的聯繫，「冊」代表群書，從感性的意見和感覺出發後，必須摻入更多知性的學習和整理，才能組合成「侖」，透過理性地重整與調和，無所缺憾地完成生命的圓融；最後加上

「車」這個形符，表現出更迅捷、更強烈的行動力，創造出更能適應未來的應變能力。

組合、圓滿，而後前進，這就是隨著每一個歷史輪軸，滾動出來的機會和價值。

如果我們想在混亂的黃巾大戰中，釐清主軸，為零散的英雄碎片，找出重新拼組的秩序，「盧植」這個名字，可以做為放大特寫的輪軸。他是個很好的官員，能文能武，代表朝廷討伐亂軍，圓融地表露智慧和人格，有足夠的能量，兜攏大部分的英雄碎片。從盧植這個軸心延伸出去，我們可以聯繫到三國初期率先登場的武將公孫瓚，以及深受尊敬的劉備，兩個人都是他的學生。

公孫瓚靠著岳父的幫忙，附學於盧植，成為一時之俊彥，但也繼續牽纏出他和岳父、和袁術、和袁紹之間錯綜複雜的攻防，牽引到北方混亂而後統一的一長串連鎖效應。

從劉備的人際關係，聯繫到劉關張三結義。劉備幫人家做草鞋；張飛殺豬、賣豬肉；關羽根本就是個通緝犯，殺了人就逃走。這些平凡的人生、簡單的生活，都因爲黃巾一戰，燃起關於未來的想像和希望：「只要打贏戰爭，就可以過一點好的日子。」

關羽、張飛跟著劉備，在四處的征戰中，相信自己可以爲國家做一點事，有機會透過戰功，掙到一點點錢、一點點權，過「比過去更好」的日子。就在他們帶著希望捲進混亂的戰爭途中，遇到被關在囚車裡的盧植，大家都嚇了一跳，急著詢問，爲什麼這麼好的人，會被關在囚車裡？

還記得沒錢而自殺的司馬直嗎？盧植也是這樣。他不願意賄賂靈帝派去的特使，宦官左豐回去就誣指盧植怠軍，很快就被收押起來。就在這關鍵瞬間，因爲盧植這個軸心，促成歷史的車輪，以一種原來想像不到的爆發力，用自己的意志在選擇不同的滾動方向。張飛一怒，忍無可忍地吼：「這是什麼惡劣的官府？我們去殺了他。」

「國家有國家的王法，不論國家有多混亂，終究還是王法。」這時，劉備還有點遲疑。關羽已經跳出來強化未來的走向：「國家變成這個樣子，那還叫做王法嗎？」

這就是《三國演義》剛開始的背景。在「國家混亂」的輪軸裡，每一個人，都可以選擇不同的態度，殺了官府？國家仍需要王法？這叫做王法嗎？還是，逃避這個世界，到更遠更遠的地方？總有一個地方，可以讓我們過自己的人生吧？

就在這戰亂途中，劉關張救了被包圍的董卓，董卓也納入從盧植一路延伸出來的車軸裡了。

在盧植被囚的場景裡，他們感傷，但卻動搖不了國家體制，救不到盧植，只能看著盧植的囚車，一路往前走，這是他們沒辦法解救的人，完全無法撼動的敗壞。可是，下一個場景，他們看到有人被張角包圍，三人竭盡所能把人救了出來，居然是接任盧植工作，繼續追剿黃巾動亂的董卓。這就是人生的矛盾！面對最愛的人，他們無能爲力；使得上力的，救出來的卻不是什麼好人。

救出董卓後，董卓的第一件大事不是說謝謝，而是非常勢利地追問，他們做什麼官？劉備回答自己什麼官都沒做，董卓立刻離開，他才不屑跟沒有官位的人說話呢！當時，只能算是董卓身邊小跟班的曹操，卻獨具慧眼，深深記得這三個人的本事，恨不能將這三個人納爲己用，而劉備怎麼可能長久屈居他們之下呢？這又把曹操納入這個有趣的輪軸，預告了日後的三分鼎立。

盧植的出現，鋪陳出劉關張三兄弟大致的個性，成爲《三國演義》最重要的英雄。

盧植的囚車，成爲時代的重要象徵，讓我們看見一個混亂世代，理想、抱負都被捲入瘋狂的崩頹，混濁到所有的人，只能無助地待在一個被時代共同囚禁的囚車。

董卓的「被俘」與「被救」，預告了董卓的性格，讓我們看見他的無能與庸俗，同時也看見他的搖搖擺擺。無能的人最容易被說服、最容易被灌迷湯，也最容易被左右。

而曹操，曾經被每個月舉辦「月旦評」人物品賞會，和堂哥許靖一起評點天下英雄的許劭，稱許爲「治世裡的能臣」。和所有人的最初理想一樣，曹操的第一志願，也是希望付出努力，對國家社會有貢獻，在他剛剛當官的時候，設置五色棒，用濃烈的顏色強化威權的力量，只要有人犯法，就打死他。

第一個犯法的當然都是權貴，曹操把他打死後，威權建立起來，確實也把地方治理得很好。當他建立起政績後，還是跟大家一樣面對做官的困境，逼得他放棄官位，捨棄人生的第一志願，做不了治世之能臣，至少能以「亂世之奸雄」，拼組出他期待的未來。

雖然別人抨擊他獨掌霸權，可是，認眞去想，當更多人切割國家時，一般老百姓的生活，有機會變好嗎？曹操說：「如國家無孤一人，正不知幾人稱帝，幾人稱王？」

如果這個國家沒有他，不知道還會生出多少個分裂的國王？做不了

「能臣」，即便所有人都厭惡他是「奸雄」，他仍然全力以赴去完成「生命的使命」，這就是他的選擇。

這不是很有趣嗎？像拍電影一樣，一開場，透過盧植、囚車，以及由盧植這個軸心兜攏又岔開的一個又一個特寫鏡頭，一幕又一幕，把鮮活的時代背景，因應時代限制的人物，全面點染出來，而後才開展出接下來的風起雲湧，從此眞實而深刻地活在我們的記憶裡。

3 十八路英雄大會戰

想起來眞輕鬆，只要找出大大小小不同的「閱讀輪軸」，握住軸心，輕鬆地跟著轉輪，就可以遨遊在龐大繁複的三國世界。

盧植是一個輪軸，從中又可以延伸到另一個小輪軸，何進。何進是外戚和宦官輪番爭鬥的最後一任「掌門人」；黃巾之亂時，又在情勢危急時不顧大家反對，召喚邊將董卓替換盧植，這才讓劉關張聯手從張角手裡救了董卓，我們也在董卓由「你救了我」的感謝，突然反目爲對沒有官位的不屑，感受他身上的霸氣，以及藏在咄咄逼人的身體裡的鹵莽愚盲，終於讓他抓到機會，從「保護京城」的縫隙，轉而「挾持皇帝」，引發「十八路英雄伐董卓」這場大戲。

「卓」這個古字，清楚呈現出「人」站在「早」上的圖像。仔細看「早」這個字，「十」的圖形，畫出表皮迸開的裂紋，太陽掙破黑暗，微

微光醒來，這不就表示清晨到了嗎？董卓的出現，也在預告朝廷最後的約束被打破了，十八路英雄像不能阻絕的光亮，奮力衝破黑暗。

討伐董卓這個過程，讓英雄崛起，有了名目，讓惡劣的人性對照出英雄殺人的正當性，同時也藉由混亂廝殺，讓英雄找到機會，展現出前所未有的謀略和膽識。就這樣，《三國演義》透過小說的虛構藝術，為每一個英雄準備好各種布景、配套，以及巧妙的「乾坤大挪移」，搭築出讓人目眩神迷的「英雄舞台」。

深受喜愛的「關羽溫酒斬華雄」，就是巧裁縫做彩衣的精心傑作。

在眞實的歷史上，華雄被孫堅所殺。如果依照史實，孫堅在《三國演義》裡殺了華雄，就得帶著玉璽一路南奔。這樣發展下來，整個故事開場後的背景，就得隨著孫堅往南移。作者不打算這樣做，於是，把華雄這樣的英雄事件移植給關羽，讓北方戰場繼續盤繞出更多英雄故事，所有《三國演義》最精彩的衝突，都集中在北方的黃河和南方的長江之間，這才是作者精心搭蓋出來的「舞台主場」。

但是，作者得還孫堅一個公道啊！他為這個少年英雄，打造出漂亮的出場，初登場就遇海賊。眞實的海賊可不像《海賊王》那樣情義相挺，夢幻又浪漫。想想看，每一艘海船經過，每一個海賊出現，有多少人家破人亡？每一艘船上都沒人活著，家鄉裡還有多少人的希望，從行船出海那一刻起，就這樣縹縹緲緲空等，除非等到人回來，要不然，就什麼都沒有了。所以，當海賊出沒，命懸線上，誰都得慌張逃走時，跟著爸爸做小生意的少年孫堅，卻鎭定地說：「我可以抓這些海賊。」

「不要，不要！太危險啦！你想幹嘛？」爸爸很緊張。孫堅一邊輕鬆地說：「很簡單！」一邊衝出去大嚷大叫：「官府來囉！官府來囉！」

海賊來不及搬走財寶箱子就一哄而散，這個小少爺有勇有謀的樣子，表現得光芒燦爛，而後才能打黃巾、伐董卓，一路南移，為孫策、孫權，打下東吳基礎，完成他的人生使命。

爲孫堅鋪陳「彌補方案」以後，作者才安心把戰場停留在北方，用一種層層重疊的烘托手法，移植華雄，把開場戲設計得十分熱鬧。先說董卓很厲害，因爲他手下有一個呂布；呂布有多厲害呢？隨便派個華雄出來，十八路英雄輪番派出去的戰將，統統被他輕輕鬆鬆地砍頭了。這時，名不見經傳、誰都不認識的一個紅臉漢子站出來，這位「板凳球員」，想要「先發」，還得出動曹操爲他做說客，端了杯熱酒，跟他說：「這位少將軍，喝了這杯酒再去吧！」

「回來再喝。」他說。曹操又勸：「酒冷了不好喝。」

「沒關係！回來，酒還來不及冷。」果然他一出去，「啪！」地華雄頭就斷了。當他衝去又回來時，酒都還沒有冷，那種氣勢，誰都記得了這漢子叫「關羽」，像林書豪踏進麥迪遜花園打球時，連警衛都不認識他，一戰成名後，世界就開始「林來瘋」。一出場就成爲典範！

從古到今，不知征服了多少還做著英雄夢的人，每個人都覺得當英雄就是要當成這個樣子。可以說，「十八路英雄伐董卓」，是一場又一場

「英雄大戰」，更是一場動人的「英雄大會」。

挾持朝政的董卓，很厲害嗎？十八路英雄緊接著鋪天蓋地而來。

十八路十七鎮的布局很厲害了吧？華雄上場威鎮群將。

華雄很厲害了吧？不敵關羽一刀。

關羽算是最厲害了吧？且慢，鏘鏘鏘，鏘……，最佳男主角呂布出場了！劉關張三人聯手，勉強和呂布打成平手。原來，華雄這個特寫鏡頭，不過是為了襯出呂布的神奇和英勇，在董卓垂危而幾近崩潰的大帝國裡，一個人，可以抵得過千軍萬馬。

這時，我們才領悟，董卓得勢，真的只是「歷史的偶然」。因為何進跟十常侍對立，無緣無故被引進朝廷；無緣無故找到機會；無緣無故在初踏戰場時被救回來。好像這一路的優勢，多半來自機遇，掉進一個他原來想像不到的「天大的好運」，突然握有權傾一時的地位，其實他不善於謀略、不善於帶兵、不善於好好的經營屬於他自己的帝國。

不過，歷史的軌跡，一次又一次證明，團體的力量大過個人，智略、勇氣，以及人格的感召，最後都能凌越孤立的豪武。十八路英雄薈萃，呂布一個人，終久也撐不住全面的潰敗。在董卓勢力敗逃時，曹操提出一個很重要的觀點：「董卓已經敗逃了，我們要趁機追討，董卓一定會慘敗。」

曹操很有見識，但是，優勢還操縱在袁紹手上。來自不同背景的十八路英雄，征伐一年多，全都累垮了，尤其是「四世三公」的名門貴族袁紹，但他不能要賴「我太累了」，只能說說好聽話：「大家都太累了，到底董卓都逃走了，我們十八路英雄贏了，也算是圓滿收場，這就夠啦！」

眞是皆大歡喜！

當十八路英雄享受著勝利光環，開開心心回家時，只有一個人，不接受表面上妝點得很漂亮的「美好結局」，不怕面對挑戰，做了與衆不同的決策。猜猜看，究竟是誰？

4 必輸之戰

當十八路英雄在長期征戰後，終於扛起勝利光環準備回家時，曹操卻提出與衆不同的「工作計畫」：「注意囉！董卓兵敗潰散，趁著大家士氣高漲，勢力龐大，我們一起追打過去，很快就可以打敗這個野蠻人，即使不能殺了他，也可以把他放逐回北方。」

可惜，曹操的提案，被「大老闆」袁紹否決了。

很快，天下十七路英雄都散了，只剩下曹操，堅持帶著軍隊一路北追落荒而逃的董卓。董卓並沒有逃多遠，他的幕僚李儒看透全局：「這十八路英雄都以爲我們垮了，絕對沒有想過，我們還有實力暗設埋伏。這時，如果我們出兵，不但保有我們的實力，還可以破敵。」

李儒的提案，董卓欣然接受，因爲他還有天下無敵的呂布啊！他們埋伏在滎陽，等在曹操前方的，就是一場凶險的「必輸的戰爭」。

可憐的曹操，這一生要經歷辛苦慘烈的三次水困、三次火劫。滎陽，就是他人生的第一次水困，不但中計，眼看就要亡命，這時，他那忠心耿耿的堂弟曹洪出場了。

曹洪在三國裡的戲份很少，可是很搶眼。先介紹曹操這兩個忠心耿耿的堂弟，曹仁精於謀略，是曹操唯一信得過可以代替他守城的大將。最勇猛的就是曹洪，當曹操覺得自己走投無路了，就交代曹洪：「這就是我的選擇，我的人生到此爲止，你趕快走吧！」

「天下沒有曹洪，沒關係，天下怎麼可以沒有曹操呢？」曹洪講出這句超級熱血的名言後，背起曹操，涉過水後放下他，大聲嚷：「你快逃吧！」

接著，轉身阻擋追兵，在亂箭中，誰也不知道曹洪能不能活下來？

曹操傷痛不已。後來曹操爲了收攏人心，做盡表面功夫，包括「借人家的人頭」時，也殷殷有禮，那種「爭霸天下的難捨」，都是權謀角力，但是，這一次的「依依難捨」，是他生命中極爲難得的眞情流露。所以，當曹洪逃過劫難回到他身邊時，成爲他眞正具有「過命交情」的忠誠夥伴。

這是曹操生命中第一場極爲重要的戰爭，即使必輸，也非打不可。

這是他的個人特寫，具有強大的「廣告效應」。古人三十而立，呂布三十歲以前就名滿天下，曹操在這一盤亂局裡頭，如同剛拆封的千片大型拼圖往地上一摔，跟大家一樣都是沒有用的碎片，透過這場打輸了的戰爭，讓人注意到他，並且產生信任感。

看看「必」這個古字：「弋」放在中間，表示釘了一個固定的小木樁，旁邊清楚地分出兩撇，互相不能越界。你想你的我想我的，你做你的我做我的，沒有溝通、商量、改變的機會，所以，一定得用驚人的意志力，堅持自己的立場。

這場「必輸之戰」，像天下爭霸前的「模擬考」，在曹操生命裡累積出幾個重大的意義。第一，讓他更加懂得深謀遠慮，穩紮穩打；第二，用心培養死士，盡納天下英才。這「死士」兩個字寫起來簡單，想起來可真不得了！看看曹洪，一個領導人，能讓部屬支持、擁戴，相信「天下不可無此人」，當然比較可能會成功。

通過這場「模擬考」，曹操知道，不能再相信董卓，不能再相信袁紹，不能再相信世界上的任何一個人，他得建立起自己的力量。

第二年，王允使用連環計殺董卓；李傕、郭汜趁亂掌握長安，殺王允。

在混亂中，大家都在搶時間拼組勢力範圍，最初那股最大的力量崩毀之後，所有的力量急著掙脫限制，誰先冒出頭做好整合，誰就找到了成功的先機。在這一團混亂中，和曹操同齡卻早已綻放光芒的孫堅，倉促戰死，無力參加角逐賽，反而冒出兩個特別的英雄，一個是曹操，靠自己獨立的力量找到根據地，另外一個是劉備，倉倉皇皇轉走於很多城市，靠著小小的各股勢力，在艱困中聯合拼組。

比較起來，曹操顯然取得「核心優勢」。當盤踞於青州的黃巾大軍入侵兗州時，刺史劉岱被殺，透過足智多謀的陳宮穿梭規劃，曹操獲推舉爲兗州牧。

兗州的「兗」，讀音就像「眼」，等於是曹操的眼睛。他終於找到根據地，看見更遠大的力量和機會。收降三十萬青州軍後，曹操沒有大肆拓展，反而停下腳步，實行「屯田制」，讓軍人在戰爭的時候去打仗，沒有戰爭的時候就種田，墾荒種植，儲存糧食，在饑荒年代，建立起一個通往富庶的希望所在地。

以我們現在的眼光來看，這些屯田軍看起來很荒謬，今天要閱兵，很可能昨天晚上還在種田，挽起手臂都是種田的痕跡。但是，在那個全天下人都在餓肚子的時代，大家都好高興，沒有戰爭就去種田。因爲他們已經餓很久了，加上正式的軍人早在第一波戰爭就凋零了，一批又一批農人被強徵去當兵，百分之九十九的軍人原來都是農人，他們很會作戰嗎？No！

但是，他們最會種田啦！

肚子餓，又有種田的的本事，每個人都找到生存的意義，高高興興地種田。曹操屯田，讓天下有了一點點「安定的希望」，這是他做過最聰明的事。

徐州太守陶謙，看好曹操勢力，好意派張闓護送曹操的爸爸曹嵩到兗州和曹操團聚。沒想到，張闓起了貪念，殺了曹嵩。曹操做了件最恐怖、最血腥的事，遷怒陶謙，血洗徐州。不滿曹操殺戮的陳宮，扶持呂布出走；陶謙在慌亂中急病，臨終前，把徐州託給劉備。

夾在「邊緣劣勢」裡等待機會的劉備，受到起起落落的天下情勢輾轉牽動，和呂布形成強烈的起伏牽制。呂布好一點時，劉備就差一點，劉備好一點，呂布就差一點，兩個人在不斷的拉鋸、競爭中，有時候是朋友，有時候是敵人，充滿了權謀計算。

有一次，袁術約了呂布要去打劉備，可是劉備又跟呂布說，袁術打了我之後也要打你，呂布非常猶豫，怎麼辦呢？就交給老天爺決定好了。他指著很遠很遠的城外轅門：「如果我的箭，射得到那裡，兩家就算了，這根本就是天意嘛！我哪有可能射得到那麼遠的地方呢？」

袁術認爲，轅門射戟，根本就是呂布爲劉備說情的伎倆，當然非常生氣，準備攻打呂布，一團亂仗打下來，仍然鬧哄哄地沒有確定結果。

這時，孫策已經統一江東，整個北方仍然混亂失序。直到曹操打敗張繡、劉表，殺了呂布、陳宮，收服猛將張遼，本來像碎拼圖的軍閥割據，慢慢地拼、慢慢地拼，終於明朗顯現，從「必輸之戰」後記取教訓的曹操，卓然崛起，累積出足夠的實力，足以和當年反對他追殺董卓的十八路英雄大元帥，貴族世家出身的袁紹，展開最後的「北方大決戰」。

5 官渡大戰

隨著歷史的發展，曹操身不由己地被時代的洪流往前推，等於無數片拼圖不斷拼組，在這不斷重組的過程裡，曹操的個性也不斷在改變。

年輕時候，他可能還沒想過要一統天下。西元一八九年，不到三十歲的呂布名滿天下，曹操已經三十四歲了，還在十八路大軍裡頭當小頭頭，連欣賞斬殺華雄的關羽，準備做東請客時，被袁紹嗆了句：「關羽什麼官階都沒有，請什麼客？」就不敢公然對抗，只能在離開主帥帳棚後，私下犒賞關羽。

當時這十八路英雄，只有兩個人眞的在打董卓，一個是曹操，另一個是孫堅。猛漢孫堅一路打一路贏，一直打到長安；曹操卻一路打一路輸，雖然心懷大志，一跟孫堅對照，根本就不算什麼嘛！這時的他，即使存著野心，眼睛所見，天下盡皆英雄，仍缺少絕對的自信。

兗州屯田四年後，穀倉裡有用不完的食糧，歸附曹操的人越來越多，超凡卓越的文臣、武將，一個又一個嶄露頭角，他的心慢慢浮動。

我們看「心」這個字，原是心臟外科大夫簡單的解剖速描「」；隨著時代改變，從集中起來好好約束的「」；轉而進化成分散的「心」。這長長的一勾，勾不住亂跑的三個點，全都散亂在裡外不同的三個地方，好像在點醒我們，世界上最不容易約束的，就是我們的心。

曹操的心，就這樣跑野了。

西元一九六年，曹操讓獻帝自己選擇，要不要跟他回去？不要說皇帝，連跟在他身邊餓得不知道怎麼才好的臣子都急著問：「有東西吃嗎？」

「挾天子以令諸侯」這場戲，看起來心機重重，其實，大家只是想去一個「可以吃得飽」的地方，滿足最基本的生存願望。而後曹操從競逐天下的「菁英賽」裡，單挑呂布這個「明星球員」做「捉對賽」。和呂布混戰期間，路過宛城，又被美色所迷，跟著自己的姪兒瞎起鬨，反而和張繡起了衝突，清楚透露出藏在他本性裡的瘋狂和混亂。

爲了這一點點放縱，曹操半夜被追殺，在淯水經歷人生中第二次狼狽的水困。勇士典韋爲他而死、姪兒曹安民爲他而死、大兒子曹昂爲他而死，他終於學會，在權力之前，再也不能做原來的自己了，必須收心斂慾，再不能順著慾望，想要做什麼就做什麼。

西元一九八年，距離被呂布打敗、差點送了性命的滎陽水困，近十年後，曹操生擒呂布。他反覆想著，眞不可思議啊！這麼神勇的人，都被我活捉了，如果他能效忠於我，最後，我會成爲一個什麼樣的人呢？他會一路護送我到什麼地方去呢？

「我到底要不要留住呂布啊？」曹操下不了判斷，只能試問劉備。劉備淡淡說：「難道你忘了呂布殺了兩個義父？」

曹操一驚，立刻殺了呂布。這是他生命中極爲重要的心理關鍵。藏在他心裡那匹「野心的獸」，蠢蠢欲動。呂布的人生謝幕後第二年，袁紹滅了公孫瓚，統一河北，上演「許田圍獵」這場官渡大戰的預告片，製造機會，展示他強大的兵力和威望。

他帶著曹家親信，跟皇帝一起出獵，拿出皇帝的純金弓箭射鹿。我們常說「逐鹿中原」、「鹿死誰手」，鹿爲什麼會成爲這麼重要的象徵呢？仔細看看，鹿的角，很像樹枝吧？暗示著龐大的土地、寬闊的森林，所以「逐鹿中原」的「鹿」字，代表君王所能擁有的土地。當曹操射倒那頭鹿時，跟在後面的人，沒想過有誰敢僭用皇帝專用的金箭，所以全都爲皇帝高呼：「萬歲！萬歲！萬萬歲！」

曹操洋洋得意地站在皇帝前面，接受所有人對他的頌讚：「萬歲！萬歲！萬萬歲！」

關羽氣得勒馬向前，準備殺了曹操。但是，曹操身邊親信，個個勇猛善戰，還要顧慮被挾持的獻帝，劉備不得不強行阻止，搶先道賀：「丞相神射，世之罕及！」

這場關於威望的「心理測驗」，曹操大獲全勝。養在他心裡的野心獸，開始大步狂奔。

從三十七歲固守兗州起，經過四年的經營準備，累積豐富食糧，儲備各級人才。四十一歲迎接獻帝，建立全國威望。再經歷四年的整頓，西元二〇〇年，曹操四十五歲，以少擊多的「官渡大戰」，爲他創造出決定性的關鍵成就。

協助曹操，共同擔綱「官渡大戰」最佳男主角的，就是郭嘉。

大半傑出的人才，不是因爲老闆的禮遇，或者是獵人公司的推薦，而是先存有一個「大夢」，再「評鑑」出可以和他一起實踐這個大夢的夥伴。放在現代眼光來看，就是選擇一個好的團隊、選擇一整個公司的遠景，郭嘉這樣，諸葛亮也是這樣。

像千里馬在尋找自己的伯樂般，郭嘉先「巡看」衆人心中的第一優選袁紹，發現他多「謀」而無「斷」，空有千百種計畫，缺乏判斷的智慧和堅持到底的決心，而後轉向能「聽謀」又能「決斷」的曹操。郭嘉進入曹操團隊後，為了凸顯他的志略和深受器重，常出現一大群平庸的角色和磨難，對照出「最佳男主角」的迷人指數，以「和大家不一樣」的獨特見識來搏版面、搶鏡頭。

當劉備被呂布襲擊來依附曹操時，謀士程昱建議殺死劉備以絕後患，郭嘉以「除掉一人之患，而危害到四海聲望」，警惕曹操深思，但又向曹操提議，軟禁劉備。可惜，曹操想收服劉備，反而對他更親近，和他一起「煮酒論英雄」，直到劉備假借攻打袁術做藉口逃離曹營，曹操決定對袁紹宣戰前，先東征劉備，衆將領都擔心袁紹南下，只有郭嘉支持曹操大破劉備，總算解決東邊遺患。

官渡大戰之前，郭嘉用「曹操十勝、袁紹十敗」的科學分析表，增強曹操信心。開戰後，兩軍對峙於官渡，孫策趁這時準備北攻，大家都怕得不得了，擅長心理分析的郭嘉，卻算准孫策喜歡輕騎單出，必為刺客所害。

二〇〇年，曹操大敗袁紹，而後接連討伐袁紹兒子袁譚、袁熙、袁尙，節節勝利。衆人都認爲應該乘勝追擊，唯獨郭嘉則認爲應退兵，令其自相殘殺。曹操信任他，決定南擊劉備，解決後患，沒多久，果然袁譚就敗走求降，只剩下袁尙，北逃到烏桓。

大家都小看烏桓僻遠，認爲沒有威脅性。郭嘉卻提出袁家父子於烏桓人有恩，有烏桓支撐，恐將來東山再起，要趁袁尙根基未穩時出其不意，防患於未然。大家都怕荊州劉表會派劉備偷襲許都，郭嘉指出劉表與劉備不和，勿憂，一路催促曹操北上討伐袁尙及外族烏桓，不但成功地統一北方，也徹底穩定了北部的國防邊界。

大戰進入尾聲，成功在即，郭嘉卻病逝於征討烏桓途中，享年三十七。這是郭嘉人生中最精彩的一齣戲，也是唯一的一齣戲，只留給曹操「哀哉！痛哉！惜哉！」的無止盡懷念。

這時，曹操五十二歲，可說是顧盼得意。孫堅早已去世，孫策被暗殺，孫權才二十五歲；劉備四十六歲，年近半百，還沒遇見諸葛亮，流離在一個地方又另一個地方，仍惶惶然不知如何是好……

6 赤壁大戰

一直處於文化核心的北方戰場，連年征伐。曹操的軍隊從黃巾勘亂開始，跟著他歷經二十年苦戰，好不容易在二〇七年統一北方，終於有機會安定，曹操的心，會跟著安定下來嗎？

這時，我們要回顧一下天下大勢。官渡大戰爆發後，孫策趁機北上「逐鹿中原」不幸遇刺，東吳驟失依靠，孫權仰賴著周瑜，慢慢在收攏個人威望，暫時沒有力量往北打。但是，曹操有力量南伐！不知道多少人力諫阻攔，他都聽不進去，只想著官渡大戰「以少擊多」都可以大敗袁紹，現在傾全力「以多擊少」，南下長江，很快就可以趁有限餘生，完成「統一大業」。

從「十八路英雄大會戰」到「官渡大戰」，極爲「搶戲」的曹操，從跑跑小龍套，慢慢占穩戲份，可以說不是第一男主角，就是第二男主角。生命很公平，一個人在最驕傲最瘋狂的鼎盛處，就會做出最不聰明的決定。西元二〇八年，曹操發起的這一場「赤壁大戰」，迫使他提早讓出「舞台主場」。

「赤」這個字，一個人張開手腳在火上烤得通紅，簡直就是曹操發動這場戰爭的「預言書」。

當曹操的大軍往南打，東吳只能死守南方；中間小小的勢力拼圖，一定得重整。說起來，能夠割據一時一地的軍閥，都不情願被併吞，但他們得看風向識時務；只有一個人，志向遠大，絕不妥協，但又無能為力，這就是劉備。

幸運的是，「絕處」總是最能創造「逢生」的機會。還記得黃巾亂時只有三歲的那個小小「阿亮哥」嗎？這年，他二十七歲，像郭嘉扛起「官渡大戰」大戲，年輕帥氣的諸葛孔明，打點好「羽扇綸巾」的瀟灑造型，穿走在東吳群英裡，即將伸出魔術師的指揮棒，迎接「赤壁大戰」這場大戲。

讀到這裡，有沒有一種小小的錯覺，《三國演義》的表現方式，好像過年期間的「賀歲片」？大明星，大場面，刻意經營出人人都有「大特寫」的群戲。尤其到了「赤壁大戰」，更是超大明星，超大場面，在原有的中生代演員中，又加入新生代的明星臉孔和嶄新活力。

如果要在這些超強卡司中，千挑萬選出「唯一主角」，猜猜看，最可能入選的，會是誰呢？

爲了選出這個主角，我們先拔高視野，用全面掃描的方式，快掃過整部《三國演義》。

前三十三回從東漢破碎一直寫到北方統一，眞正的猛將只有呂布一個人，主角讓曹操占盡戲份了。在社會動盪、生靈塗炭的痛苦中，好不容易統一北方後出現的安定，又被曹操推翻，這時，《三國演義》的基本立場，已經表明得很清楚了，曹操是個不值得期待的「反派」野心家，用來對照用正義爲大家安家的「正派」劉備，這麼漫長的鋪陳，塗抹出一種

「等待救世主」的背景色彩。

接著，諸葛亮像巨星出場。先由靜態的「文藝戲」特寫劉備自嘆「命途多蹇」，水鏡先生司馬徽的建言，推翻一路忠誠陪伴的「文才孫乾、糜竺、簡雍，武將關、張、趙雲」，直指劉備「左右不得其人」，強調眞正的人才在「伏龍、鳳雛」；轉而又變成動態的「熱血戲」，徐庶長亭薦才、劉備三顧茅廬，讓諸葛亮風風光光地從三十四回到八十六回，一路大展身手。

這前後共五十三回的高潮迭起，幾乎占了全書一半，讓人目眩神迷，而後也就變成無數文學、戲劇、電玩遊戲最專注取材的「創作寶庫」。前一段從「長坂坡」趙雲義救小阿斗、張飛勇據長坂橋，慢慢拉抬士氣，爲「赤壁大戰」熱身；接下來才有「三氣周瑜」、「戰馬超」到「入西川」這些戲碼，等於赤壁餘緒，大戰後的勢力重劃；後一段從「逍遙津」、「取漢中」到「失荊州」，「魏蜀稱帝」後，迸裂「夷陵大戰」，多線揭露西蜀由盛而衰的下滑趨勢。

八十七回以後，全書轉爲慢速經營，跳出讓人目眩神迷的迅捷征戰，放大特寫偏安對峙的微妙拉鋸，形成閱讀上的立體效果。可以說，群戲告一段落。接下來所有的光環，集中在諸葛亮頭上，七擒孟獲、六出祁山；連他和整個「劇組」說Bye bye以後，接班人姜維還是以「影武者」身分，接續九伐中原、支撐殘破西蜀的遺願；到了第一百一十六回，屆近三國尾聲，不放心的諸葛亮又出場顯靈，交代鍾會進入蜀地後，切勿濫殺，爲整本書揮灑出最後餘暉。

三國敗亡的最後結局，匆匆交代在最後兩回。這無力的收尾，象徵著百年征戰，把人民的內在能量都耗盡了。這樣，我們是不是更可以合理推測，主角有可能是諸葛亮？整部《三國演義》的高潮戲，應該都集中在「赤壁大戰」吧？

赤壁大戰，簡直是結合「天時」、「地利」、「人和」的完美演出。先談「天時」。曹操用兵神速，我們不會說「說劉備，劉備就到」、

「說關羽，關羽就到」，卻常把「說曹操，曹操就到」掛在嘴邊，所以，劉備遇到曹操，常只有棄軍逃亡，荊州赤壁開戰前，更狼狽倉皇到掉了兒子、女兒被抓、妻子自殺。只可惜，曹操這位北方的軍事天才，不是農夫，不會看天氣，當時又缺乏「地理學」、「病理學」這些先進的戰略概念，加上這是中國歷史上第一次南移到長江的戰場，完全想像不到，洞庭湖一帶的地形風，在天氣放晴時，會逆吹東南風。

這就是在水邊長大的吳蜀聯軍最大的「地利」。他們比北方軍更能適應水戰的顛簸、天候的變化；更重要的是，以逸待勞，不像曹軍在入秋之際轉徙、訓練，更不容易抵擋流行疫病的感染、擴散，以至於在冬戰之前發病，讓曹操找了個台階安慰自己，都是因爲這些流行病，他才燒船消毒，自行退兵，白白讓周瑜出了鋒頭呢！

當然，赤壁之戰之所以迷人，最了不起的當然是前所未有的「人和」。

諸葛亮像一支巧妙的針，把不同立場、不同盤算的東吳君臣，天衣無縫地縫綴得精緻而亮眼。舌戰群儒，爲惶惶然懼疑交加的偏安群臣打氣；針對孫權不願受制於曹操，但又擔心打不過曹操的隱密憂慮，先用激將法勾起年輕而尚未嶄露頭角的小君王藏在心底的傲氣，再強調孫劉聯合之優勢，更點出曹軍遠征疲憊、不習水戰、荊州民心不服的困境。

等到主導這場大戰的周瑜上場，不但認同諸葛亮的分析，還以實戰經驗深入指出天氣盛寒，曹軍不習水戰，馬無糧草補充，關西還有馬超、韓遂牽制曹操。在這位南方的軍事天才指揮調度下，吳蜀聯軍創造出聯盟堅固、軍臣同心的精彩大勝。

如果說，《三國演義》從赤壁到夷陵這五十三回是百年來創作取材的「寶庫」；前段關於赤壁的前因後果則是「寶庫中的寶庫」。至於赤壁這場核心戰爭，騙蔣幹、打黃蓋、孔明借箭、闞擇詐降、橫江賦詩、借東風、火燒連環船，到最後透過華容道，精密揭露諸葛、曹操和關羽的心理戲，一層扣一層，簡直是「寶庫中的至尊寶庫」，保證很迷人唷！

讀到這裡，如果還是對打黃蓋、借東風、孔明借箭、橫江賦詩、火燒連環船……這些線索，沒什麼感覺，那就太可惜啦！最好的方法就是，打開《三國演義》，開開心心地穿到書中去冒險，展開這趟緊張刺激絕無冷場的「寶庫中的旅行」。

7 夷陵大戰

還記得三的魔法嗎？歷史總是在重複而後推翻的韻律中，不斷向前滾去。

用這個角度切入這三場戰爭，在以小搏大、雙主角領銜，以及決定未來趨勢的關鍵作用上，可以清楚地看到這種在重複中推翻的歷史軌跡。

官渡大戰的雙主角，曹操帶著郭嘉以小搏大，創造奇蹟式的逆轉勝；赤壁大戰的雙主角，諸葛亮引著周瑜以小搏大，再一次創造奇蹟式的逆轉勝。到了夷陵大戰，雙主角分裂對立，劉備的近十萬大軍被《三國演義》誇飾成七十萬，還是輸給了陸遜以小搏大的五萬水軍。

掌握官渡大戰主動力量的曹操，在北方底定後，迅速壯大的擴張聲勢因爲赤壁大戰重挫。掌握赤壁大戰主動力量的諸葛亮，取得漢中和荊州後，這種「進可攻，退可守」的獨強態勢，又在夷陵大戰重挫。夷陵大戰後，再也沒有獨強的勢力引發大規模的戰爭。

這就是讀書最快樂的地方，也就是論語「學而時習之，不亦悅乎？」的眞諦。

學而時習之，可不是勸人「讀書要勤於複習」，才剛讀又要重讀，想起來就有點無聊，怎麼可能從心裡產生喜悅呢？這個「時」字，指的是生命中的不同瞬間，我們一路讀書，經過一點一滴人生經驗的相加、相乘，或者是遞減與重整，在剛好的時刻，突然明白了一些字句、一些規則的韻律，這種眞實經驗的相印，彷彿天地間所有事物的存在，都等在安靜的角落，爲了和我們在「最快樂的偶然」中相遇，想起來不是很美嗎？不就得到了由衷的喜悅？

學而時習之的「時」，就是由「寺」和「日」組成。「寺」的本意是「政府辦公處」，看看的字形，用一個「腳印」表示抵達辦公室，再用一隻「手」老老實實捧著一塊「笏板」，這就是古代的「公務員通行證」。當然囉！隨著時代進步，公務員通行證發展出晶片、眼球識別，更

高級別的還有DNA識別系統，都是爲了讓大家保持戰戰兢兢全力以赴的工作態度。

懂得「每一分鐘都用心」的嚴謹，才懂得「時」的意義，也更能體會，在閱讀三國時，不只是要熟記這些繁雜的人物和故事，不只是爲了寫作文、找過關祕訣和增加知識、智慧，最重要的是，準備好一種「學習的能力」，不斷對照、整理，建立整體認識的深刻喜悅。

讀書時，學會不斷找出相同和相異的地方，不斷對照、整理，慢慢就可以建立整體認識。

接下來，我們循著人地時事物，對照在赤壁大戰和夷陵大戰，依序找出更多相同點。這兩場戰爭，主宰戰場的諸葛亮和陸遜都是世家讀書的儒生；主戰場都在長江，主打軍略都是火攻；在時代的關鍵點決定天下三分；爆發點都是爲了劉備；關鍵核心都繞著荊州爭霸。

從這些相同點又可以找出差異。儒生諸葛亮精於心理分析、策劃謀略，衝鋒陷陣不是他的長才，得靠周瑜，才能打贏赤壁大戰，換了關羽、馬謖，連失荊州、街亭，連他自己親自督軍的六出祁山，都沒打出太好的成績，加上隆中戰術拉出荊州、漢中兩路戰線，需要他統籌鎮守，所以，伐東吳由劉備領軍，對上陸遜這個不折不扣的儒將，不但有勇有謀，也不需要分心打理國事，高下立見。

沿著長江這條主戰場，赤壁大戰直接在江上火燒連環船，夷陵大戰則是在岸邊火燒連營七百里。

赤壁大戰給了蜀國天下三分的曙光，而後逆勢看漲，又在夷陵大戰停損。蜀漢大損國力；東吳雖然打贏了戰爭，孫吳聯盟破裂，從此才眞正確立三分鼎立，只能各自經營，維持了誰都不能輕易「盜壘得分」的數十年安定。

一向喜怒不形於色的劉備，爲什麼會失去理智犯下「以怒興師」的大錯呢？很多人都用「爲關羽向東吳報仇」來解釋。其實，這只是表面原因。深入去看，赤壁大戰實踐了宏偉的隆中戰略，占據荊州，和西蜀互倚爲犄角。關羽丟了荊州，折斷優勢，而後只能穿山越嶺而出，聽過李白的「蜀道之難，難於上青天」嗎？這時，劉備快六十歲了，一想到畢生的志業，慢慢成爲一種「不可能的任務」，使他對關羽之死、荊州之失，無論國仇家恨，還是個人帝業，都注入太多複雜又說不出口的焦慮，像輸到最後一把的賭徒一樣，夷陵一戰，成爲他生命中的最後一擊。

天不時，地不利，人不和，成爲對照夷陵大戰和赤壁大戰時的最大差異。

不做任何深思地立即宣戰，陷入酷暑折磨，在地的防守國影響不大，長途跋涉的進攻國卻得冒著烈日行軍，忍受溼熱病疫，士兵體能慢慢衰弱。

如果只是天不時，蜀軍還有相對優勢的數量，但是，地也不利。由於地形不熟，倉促率領大軍深入難以開展的二、三百公里崎嶇山道，深諳作戰心理和敵我情勢分析的陸遜，大膽後退誘敵，在蜀軍在水邊連營暴露出致命弱點時，巧用火攻，後發制人，創造出「從防禦轉反攻」的驚人勝利。

最致命的危機還是人不和。當劉備決定藉伐吳爲關羽報仇，奪回荊州時，魏文帝曹丕見孫劉聯盟瓦解，乘機煽風點火，多方尋找機會加劇吳蜀之間的矛盾衝突；諸葛亮和趙雲等絕大多數大臣、將領，再三規諫劉備應伐魏而不是攻吳；孫權在奪荊州後，爲了鞏固既得利益，也不願加劇吳蜀衝突，兩次遣使求和；諸葛亮的哥哥，東吳南郡太守諸葛謹也寫信爲劉備解說利害，劉備置之不理。

出征前不顧勸阻；出兵理由名不正言不順，失去「正義」的核心號召；出征後安排智勇雙全的趙雲負責糧草；戰況僵持時，又忽略馬良警告，茂林駐軍，剛好爲陸遜的火攻提供最佳機會，劉備當然大敗。當他羞惱憂憤地逃到白帝城，託孤後悲愴而死；相對地，深謀遠慮的陸遜，壓下力主乘勝追擊的吳國將領，主動退兵，嚴陣擊退趁機來襲的曹魏大軍。

諸葛亮宏偉的隆中戰略，從荊州北上攻打許昌，東下直搗吳國腹地，從漢中北出潼關，攻打洛陽，兩路互倚並進。這種進可攻、退可守的戰略優勢，在蜀漢失去荊州這個重要的戰略基地後，隆中夢碎，加上參戰將領謀士不是戰死就是投降，國力大損，進一步削弱蜀吳聯盟，糾纏數十年的北伐大業，無論如何「鞠躬盡瘁」，終究只留下「出師未捷身先死」的遺恨。

夷陵戰後六十年，蜀漢國勢重挫，曹家幾番更迭，孫權殺伐擅權。再也沒有重組千片拼圖碎片的全國性視野，只能在各自領地裡，激盪出一點點小小的火花。澎湃起伏的大型三國交響樂章，轉爲一小段又一小段的小品，從此失去了糾纏在大場面、大堆頭的輝煌能量，僅餘司馬懿和諸葛亮，微微照亮了逐漸黯淡的三國舞台。

卷三

三國的英雄片

1. 英雄不死
2. 孫堅的建國藍圖
3. 一抹高潔而自由的雲
4. 偷魏換晉司馬懿

1 英雄不死

剛開始讀三國，天下大局就像拼圖碎片，隨著我們的深入認識，慢慢重組成幾場大戰。

在驚心動魄的戰爭中，又因爲主宰戰場的英雄人物，形成像大場面電影般的放大特寫，讓我們撞擊出熱血和著迷。

相信嗎？就算是一生翻滾在爭霸歲月裡的毛澤東，小時候也是個「純潔的三國迷」，迷到傻裡傻氣的地步。他聽到歷史老師和幾個同學說，《三國演義》只是小說家的想像，和眞實的歷史不一樣，氣得和他們吵了起來；想了想又氣不過，跑到校長那裡投訴，沒想到，校長居然告訴他，《三國演義》不是眞實的歷史；毛澤東更生氣！寫信給縣長，要求撤換校長。

猜猜看，縣長又會怎麼說呢？

這就是著迷的樂趣。每一個容易著迷的人，身體裡都藏著澆不熄的「熱情」，讓我們生出強大的勇氣和韌力，去面對人生中一層又一層如同過關遊戲般永不終結的問題和考驗。

這時，我們就可以體會到別人不能參與、別的選項也都不能替代的快樂。三國這個「好玩的玩具」，就從拼圖、電影，晉級成樂高積木，或者是更眩目的組合模型，直到我們讀出入迷的滋味，開始用一種「自己的角度」看世界。

注意「角」這個字的原始樣子，這樣尖銳、確定的角，讓我們更強烈地感受到確定的存在。

從自己的切身感覺去感受世界，就是獨特的「視角」。特別值得注意的是，我們以爲這種視角是一種聰明的「選擇」和「判斷」，其實，常常受到我們的背景、生命經驗，以及閱讀範圍所侷限。

受限於不同的視角，讓我們在看待歷史變動時，不自覺形成許多「以爲是眞相」的表面印象。這些分不清眞假的看法，常受到三種不同的人物形象所牽引。

第一種是**歷史形象**。歷史的書寫，多半由下一個世代的執政者做選擇，秦朝接下來是漢朝，漢朝的人就決定怎麼寫秦朝的歷史，明朝接下來是清朝，清朝的人就決定怎麼寫明朝的歷史，所有的歷史形象，大半由「接棒的反對者」，決定用什麼角度，解釋自己「接班非常合理」。

這些充滿目的的「官方解釋」，藏著書寫者的立場選擇，有的史官非常堅持，爲了一個字要記錄成單純的「殺」，還是不忠不義的「弒」，可以不顧上級壓力犧牲生命；有人卻爲了好好活下去，迎合統治者的需要。想想看，這樣的歷史形象，究竟可不可靠呢？眞的符合一般人的期待嗎？

這時，能夠讀書、寫字的文人，透過理性的智慧和感性的熱情，搶奪「歷史的解釋權」，再製創造出第二種人物形象，**文人形象**。這些自認爲眞實的分析判斷，藏著太多未完成的願望，所以充滿文學家愛憎好惡的強烈個性。比如說，我們從《論語》、《孟子》這些書，知道孔子很偉大；

同一個孔子，到了《韓非子》和《莊子》書中，卻常常被消遣成荒謬的對照人物。

文人形象，充滿個性和創意，即使是虛構人物，常常也可以像微生物分裂一樣，慢慢在增生。如果我們只讀法國版的俠盜偵探亞森羅蘋，會讀到書裡有一個很笨的人，叫做福爾摩斯；如果有機會看看英國版的福爾摩斯探案，那種藏在幽默中的教養所表現出來的溫厚睿智，讓人深深折服；要是看過小勞勃道尼和裘德洛的電影，我們又以為福爾摩斯是個神經質又無所不能的「宅男」。

還有人更誇張，小時候看了一大堆改編自金庸小說的連續劇和武俠電影，到了長大後翻讀原著，居然錯愕地問：「金庸怎麼都寫錯啦？」

如果我們不想要鬧笑話，一定要學會用更高的視野、更寬闊的襟懷，接受每一個英雄形象的「再創作」，這也是學習和閱讀時，非常特別的趣味。隨著時代發展，讀到更多參考對照的資料，學會更深入的選擇和判斷，才能了解，歷史沒有眞相，只能慢慢靠近。

這種「再創作」的自由，從文學形象繼續延伸，表現出更為強烈的人物個性，成為普遍的**民間形象**。從前那些沒有時間、沒有機會讀書的人，透過口傳故事，輾轉認識許多英雄人物。

在國外，透過吟遊詩人在各地唱歌，慢慢流傳；在中國就靠各種不同形式的戲劇演出。這些說書人或表演者，不見得那麼喜歡讀書，也不是作家，只靠著傳說，針對他喜歡、他覺得有趣的特質，延伸自己的感覺，形成迴異於文學形象和歷史形象的嶄新視角，反應了社會需求。比如說，從劉備仁愛、張飛勇武、關羽忠義的文學形象出發，到了民間，誰會受到最多的支持和傳誦呢？那麼多受苦、疼痛、被壓迫、受委屈的人，在忍無可忍的瞬間，最需要的是仁愛與感化，還是痛快地掄起大刀砍盡所有的壓抑委屈？就這樣，關羽的民間形象開始膨脹，為每一個有所等待的人出一口氣。

那個時代的武器，還沒有發展出大刀，過五關斬六將都得靠矛和槍，遠遠地射過去，最後再拿出匕首、小刀近身搏鬥。但是，透過民間形象的

「熱血創作」，大家都知道啦！關羽開始掄起青龍偃月刀，那種痛快、過癮的聲勢，滿足了大家立即的快樂。

大部分的人開始接觸三國時，多半由「民間形象」出發，經過對照、比較，會發現原來的印象和想像，藏著很多「怎麼會這樣？」的驚嘆！隨著閱讀和思考，各種充滿想像和熱情的「文學形象」，一如不同視角的「眞相拼圖」，慢慢改變我們的看法，直到還原到「歷史形象」時，發現一切都和原先所認識的有所差異，我們的心開始動搖，在很多種解釋中，結合更多生活經驗和未來願望，選擇自己相信的觀點，靠近眞相，找出因應態度，接著又拼組出更現代化、更符合大衆期待的「民間形象」。

這就是爲什麼，英雄不死。

在文字版的《三國志》、《三國演義》、《反三國演義》出版後，接著還有這麼多不同形式、不同表達重心的漫畫三國志、三國傳，戰鬥型的ＢＢ戰士三國和鋼彈三國，不斷在解釋英雄、逆轉印象，創造出更多的英雄形象。

最早受到矚目的長篇三國漫畫，是橫山光輝的《三國志》，盡可能扣緊史實。而後，不同的觀點和創意，爲三國詮釋注入更鮮活的生命。李學仁的《蒼天航路》，被譽爲「畫得最精彩的三國漫畫」，從《三國志》以魏國爲正統的視角出發，摻入演義裡的英雄傳說，從曹操少年時嶄露頭角，識破十常侍陰謀、看盡皇帝無能，一路除惡納智，群聚人才，直到官渡大戰前立志統一天下；陳某的《火鳳燎原》，重點式地選擇三國最後的勝利者司馬懿和名將趙雲做爲表現主軸，改編部分史實和演義人物，爲一些被認爲有勇無謀的角色塑造出不少細膩的心思和性格；到了山原義人的《龍狼傳》，純粹虛構的主角在坐飛機時受到龍的影響，穿越時空到了三國時代，雖然借用三國人物，絕大部分都已背離原始雛形，成爲奇幻風格的武俠漫畫。

接下來，還會有更多不同的表現形態，不斷解釋讓我們爲之沉迷的英雄形象。

這是我們自己的「三國樂高」。隨著我們越來越深入的認識，我們可以自由拼組出自己的視角、自己的英雄理解，爲最喜歡的英雄人物，創造出嶄新的「心理解釋」，以及合情合理的「發展臆測」，我們也參與了「文人形象」的重建，說不定影響力變大了，也可以改變在同學、朋友之間流傳的「民間形象」噢！

2 孫堅的建國藍圖

只要我們清楚了解從「歷史形象」、「文學形象」到「民間形象」的發展、變形，我們就可以握有「三國樂高」，顛覆舊有印象，重新打造我們心目中的英雄形象。

從「東吳」出發，最能夠享受這種「除舊布新」的樂趣。因爲，在熱鬧的三國世界，吳國最被冷落，不但篇幅寫得很少，也看不到細膩的謀士和武將，軍事天才陸遜，客串個幾場戲也就算了，連周瑜這樣的江南才子，竟淪爲「三戲周瑜」的丑化配角，好慘啊！

東吳英雄很多，卻沒有得到應有的篇幅和尊重，爲什麼會這樣呢？回頭想想，我們從小到大，無論是聽故事的時候，或者是看電視的時候，是不是很喜歡問：「這個是好人還是壞人？」這就是民間形象的起點。我們總是區別出這是好人還是壞人？這是奸雄還是英雄？只要分出正邪，我們就覺得安心，最後一定邪不勝正，好人出頭，這讓大家對於挫折、痛苦，多出忍耐的力量，以及永遠懷抱著希望的勇氣。

這種對立的力量，到了「文學形象」和「歷史形象」，還是這樣，我們發展出一種「正統」的觀念。從「鞏固中心領導」的概念出發，天子就是正統，有人認為正統在劉備，因為他姓劉；有人卻認為全天下姓劉的那麼多，他算什麼正統？曹操身邊有天子，正統在曹操。所以，代表「歷史形象」的《三國志》正統在「魏」，凸顯出「文學形象」的《三國演義》正統在「蜀」。

唯一被忽略的就是「吳」。沒有「歷史形象」和「文學形象」做基礎，「民間形象」找不到著力點來愛、來恨，人物形象越來越單薄，慢慢地形成很多扭曲。

仔細想想，劉備姓劉，曹操挾天子以令諸侯，他們都在既定的基礎上開展；只有孫堅，在一無所有中打天下。有沒有聽過很有名的《孫子兵法》？孫子是一個大軍事家，他的經驗、他的血液、他的智慧，一代又一代承傳給了後代孫堅。

孫堅和曹操同年，他們經歷同樣的社會動盪，表面上黃巾作亂，實際上最作亂的是，一大堆官府的貪婪索賄。十八路英雄伐董卓時，曹操擠在一群世家將軍裡面，不過是個小人物，只能在帳棚外偷偷爲劉關張送酒肉；如果說曹操是個卒子，劉關張就只能算在一大堆沙粒般渴望冒出頭之中的一小顆沙粒。在那樣的歷史現場，十八路英雄各自占地如一盤散沙，孫堅卻極早展現出他的軍事天才。

只是，堅持文學正統的人，難免遺憾，無關緊要的吳國，怎麼可能會出現這麼厲害的英雄呢？透過文學形象的重整，孫堅的勇毅慢慢模糊，連華雄的死，都移植給關羽。

到了民間形象，扭曲得更厲害。演戲的時候，一開始還很客氣，預告孫堅出場的跑龍套小角色一路唱著：「朝中宰相五更冷」，形容文官在時間上的辛苦付出；又唱：「鐵甲將軍都跳井」，說明武官在空間上千里奔馳，一個城鎮打過一個城鎮，一個荒漠打過一個荒漠，每一個地方找到水井略事休息，每個將軍都帥氣地跳過去，當唱戲的人唱到：「只有一個跳不過，跌在裡面撲冬冬」時，有一個人會跑出來說：「我，孫堅是也！」

瞧，看孫堅的民間形象被扭曲了，成為一個連井口都跳不過去的無能將軍。演到後來，乾脆讓孫堅自己唱：「我做將軍世稀有，無人與我做敵手」，看起來很厲害對不對？這一句就是歷史形象，他確實是少見的十七歲冒出頭的軍事天才，可是人們不喜歡呀！民間形象藉由幾句歌詞，就推翻他的英勇：「聽得臨陣肚裡疼，吃上幾盅熱燒酒。」

一聽到打仗，他就躲進廁所，這種形象詆毀，可真嚴重得不得了。這還不夠，為了襯托孫堅的膽小、懦弱，擅長對照的民間說書人，找出同時代另一個英勇無敵的角色，只要呂布一出場，孫堅就急急唱著：「嚇得我肚裡頭疼，上吐下瀉。」

其實，呂布早被孫堅擊退，《三國演戲》聲勢驚人的「三英戰呂布」，都是文學形象的加工，當時劉備只為小吏，暫時看不到重要的功績。

看著這個響噹噹的英雄人物，徹底走樣，想起來好可憐啊！還記得嗎？孫堅十七歲打退強盜，這種驚人的膽識，被官府徵召作戰，還被稱為「破虜將軍」。

他越郡伐賊，戰功顯赫，受朝廷策封為「烏程侯」；大破董卓軍，斬都督華雄；在袁術受挑撥「孫堅得洛陽，無異於除狼來虎」而扣住軍糧時，連夜單騎說服袁術：「我之所以出生入死，上為國家討賊，下為將軍報仇。」打消了袁術對他的懷疑，更可以看出他有勇有謀。

對抗董卓，是孫堅生命中的主題曲。當董卓畏懼孫堅強大，請求和親時，他的回答，這樣威風凜然：「董卓逆天無道，我不誅其三族，將其首級懸示全國，則死不瞑目，怎麼會與之和親呢？」

打敗董卓後，孫堅進軍洛陽；清掃漢朝宗廟，用太牢祭祀，在城南的甄宮井中得傳國璽；而後分兵布縣，防禦山東，直到董卓引兵回長安後，還費心整修各個皇陵。

這時的中原戰場，袁紹在黃河以北，袁術在黃河以南，更南就是劉表的荊州。孫堅這樣的人物，自知在袁紹龐大的機構裡想要冒出頭，勢必面臨更多競爭，他選擇依附聲勢較弱，卻是正室嫡子的袁術，從中尋找機會，代替袁術南伐荊州。

只可惜，每一個英雄人物，都有他的「致命弱點」。孫堅少年得志，容易輕敵，進攻劉表時，劉表派黃祖趁夜奇襲後竄入山區，孫堅單騎追擊，居然被名不見經傳的小龍套射殺。

奇特的是，歷史常常出現許多不斷重複的變化，彷彿是一個變形的橢圓軌跡，一再重複，卻又難以預測地向前滾去。孫堅十七歲崛起，一路勇武征戰，開創孫氏家業，三十七歲死於暗殺；他的大兒子孫策，十八歲接棒，結納文武英豪，開闢江東天下，二十六歲時仍然死於暗殺。

東吳江山像一場充滿「魔法三」的接力賽，孫堅的倉促下台，促成孫策和孫權在十八歲開展人生輝煌。這兩個孩子在黃巾之亂時，一個十歲、一個兩歲，經歷顛簸流離的征戰過程的孫策，重複、並且強化父親的武力軌跡，成為一個能前鋒、能後衛的軍事天才；在優渥宮廷成長的孫權，逆轉成政治家，逃離對戰風險，穩住家國力量往下承傳，完成了孫堅恢弘的「長程計畫」。

在古代，取「名」是長輩對孩子們的「行爲暗示」，所以常常變成簡單的「生命預言」。

「字」就用來延伸「名」的內涵，表現出解釋、渴望和期待。比如說，神鵰大俠楊「過」，字「改之」，改的是他爸爸的過。詩人秦「觀」，期望在讀萬卷書之餘，不要忘了行萬里路，所以用「少遊」這個字來補做學問的不足。諸葛「亮」，字「孔明」，希望在黑暗中找到明亮，才能在混亂的天下局勢中提出隆中三分。

孫堅爲四個兒子命名爲孫策、孫權、孫翊、孫匡，依序揭露出他在心裡規劃已久的「建國藍圖」。

第一個孩子取名叫「策」，做任何事像開公司，先有策略，確立核心價值後才能開展；第二個孩子叫「權」，權衡得失，找到方法，才能做好人才經營和管理運作；「翊」是在站穩後找到機會，突破、飛翔；接著要一「匡」天下，把世界統整起來，讓人民生活得更安定。

接下來，我們繼續分析他們的「字」。古代的人很有趣，如果只生三個孩子，就循著「孟、仲、季」找一個合適的字，這是季節的流轉秩序，比如說春天分成孟春、仲春、季春，夏天就是孟夏、仲夏、季夏。要是生了四個孩子呢？就照著出生順序以「伯、仲、叔、季」分出大小。

大部分兄弟的字，都依賴這種排序方式，孫堅有四個小孩，就以「伯、仲、叔、季」領一個字，表現出他對這些孩子的期待。策字伯符、權字仲謀、翊字叔弼、匡字季佐。一個人有了策略，要讓別人有所徵信，所以叫伯符；有了權力是靠著謀略，謀而後才能想清楚；策也有了、權也有了，接下來，最重要的就是「弼」跟「佐」，無論飛得多高，都要記得多面輔導，匡正一切秩序，避免分崩離析，這是多麼不可思議的遠見啊！

最後，讓我們再想一想，還可以用什麼樣的不同視角，重塑孫堅的英雄形象呢？

3 一抹高潔而自由的雲

趙雲剛出現在《三國志平話》，其實只是個充滿正義感的平凡角色。比武功，開場沒多久被張飛打敗了；比英勇，打不過幾個人聯手，常常找了個機會就逃走。

到了《三國演義》，開始爲趙雲特寫情義智謀，還升級「膽識」和「武略」的超強配備，化身爲不曾受傷、不曾失敗，光一個「救阿斗」場景就殺了五十幾個將軍的大英雄。

《反三國演義》更不得了！作者身爲積極支持「蜀國正統」的熱血分子，當然不能忍受魏國統一天下，循著宏偉的隆中戰略，創造出兩個頂天立地的大英雄。一個是馬超，從漢中北出潼關，攻打洛陽；一個是趙雲，東下江東直搗吳國腹地，再從荊州北上攻打許昌，兩路互倚並進，聯手包抄，滅了魏國，統一天下，還爲馬超設計了個文武雙全的妹妹，人長得漂亮，武功又高強，到最後嫁給趙雲，讓他坐穩「第一男主角」的地位。

在電影《見龍卸甲》裡，趙雲和虛構出來的曹操孫女，做了場「前不見希望，後不見來援」，只能靠俠義、熱血支撐到最後的生死對決。

曲折離奇的《火鳳燎原》，在陳舊的史實裡，附加更多極具現代感的心理轉折。主角「燎原火」受到司馬家大力資助，與司馬懿私交甚篤，曾以「趙火」假名臥底，幫劉備等人與百姓撤離時，劉備請問他的名字，他指著焚城大火，劉備卻誤以為天上白雲，一直都叫他「趙雲」；袁紹軍追殺公孫瓚時，他被套出眞實身分「紫龍」，又被劉備兄弟聽到，誤以為「子龍」是他的字；後來，司馬懿指示他尋找一個值得投靠的明主，他選擇了劉備，在理念上，與司馬懿漸行漸遠，慢慢走向獨立的人生。

如果說，孫堅算是被民間形象集體摧毀的「倒楣鬼」，趙雲就是在文人形象和民間形象裡備受寵愛，並且不斷加分晉級的「幸運兒」。孫堅被忽略，多半是因爲夾在魏和蜀的「正統大戰」，擠掉他的立足點，這不是他個人的問題，是大時代的侷限；相反地，趙雲的魅力，完全建立在他的人格特質，具體呈現了大部分人對於英雄的期待。

雲的古字，在高高遠遠的天空下，無瑕地展現出自由舒卷的樣子。趙雲也是這樣，具有「高潔」和「自由」兩個最強烈的特性。

先來談「高潔」。一個人要看得高遠，並且不受世俗汙染，最重要的關鍵就在於「選擇」，做選擇的能力，必須建立在「判斷」和「堅持」。

趙雲的判斷很特別，在黃河以北的「爭霸擂台」，他沒有選擇世家貴族袁紹，而是選擇平民出身的公孫瓚，站在人民這一邊，而不是站在權力那一邊，看起來機會渺茫，可是他們認命、認眞，拚命要掙出一點點希望與機會。

當公孫瓚派趙雲去保護劉備時，劉備幾次爲了想要留住這個人才而流淚，趙雲沒有背叛公孫瓚，忠誠，永遠是他唯一的選擇。直到趙雲哥哥過世，他離開公孫瓚，回家撐持破碎的家園，而後和流離逃難的劉備在古城相會，再一次，他選擇了和弱勢在一起，相信自己有能力，從黑暗中找到光，徹底成為劉備的「守護天使」。

他先救了劉備，讓他找到機會躍馬過檀溪；後來又救了他的兒子，單騎救小王子的劇情，從一開始只殺了幾個將軍，到《三國演義》誇張到五十幾個，整個沙場的軍士都被訓練成電動玩具的過關障礙，被按了指令讓趙雲大展神威，這震古鑠今第一仗，打出了「無敵將軍——常山趙子龍」的名號。然後，還要守護劉備的宰相，當孔明借東風後，只有趙雲可以接他順利逃出吳國；當周瑜過世時，諸葛亮過江弔唁，光趙雲一個人護衛，就敵得過千軍萬馬。

當大部分將軍都依賴諸葛亮的策略進軍時，趙雲幸運地保留了獨立的判斷智慧。在傳說故事裡，習慣把諸葛亮塑造成一個「腦」，將軍們延伸著他的手和腳，不斷地擴張版圖，他每一個神機妙算，決定了不同戰役的成功。有一次，諸葛亮非常焦慮，他所有的經營計算，漏算了趙雲那一路，有一條河會漲潮，他漏算了過橋的方法，沒想到捷報傳來，連諸葛亮都嚇了一跳，原來趙雲在出發前早就探過路，另外準備了浮船輕鬆渡河。

接著，我們要談趙雲的「自由」。自由只有一個先決條件，就是「自律」。

民間形象賦予趙雲具有能文能武、有謀略有武功的「全能配備」。當他靠自己的力量和謀略取了桂陽後，桂陽太守趙範和他約為兄弟，還想把絕美的寡嫂嫁給他。趙雲板起臉拒絕：「既然結為兄弟，怎麼可以又娶你的嫂嫂？」

這是因為他有一種「道德上的潔癖」。以前的人很喜歡拉關係，同姓的、同鄉的、同年考上狀元的，找到一定的關係就互相拉抬。趙雲有個非常擅於謀略的朋友，在混亂的戰爭中被蜀國的人救出來，他來投奔趙雲，要做他的幕後軍師。趙雲直接推薦他到劉備身邊貢獻智慧，眞摯地祝福他：「好好過你的人生，不要讓別人認為，你的成績都是因為我們是好朋友的緣故。」

他就是這樣的人，乾乾淨淨地實踐自己的生命追尋，不要任何人因為他多得了什麼機會，也祝福每個人都可以找到生命中最值得守護的選擇。幸好也因爲這樣，趙範在心不甘、情不願的情況下投降了，後來找到機會叛變，一點都沒有牽連到趙雲。

當他陪劉備過東吳娶新太太的時候，一生顛簸流離的劉備，快樂得忘記要回家了，趙雲又根據諸葛亮的錦囊，千辛萬苦地「綁架老闆」回蜀國。當東吳的千金大小姐抱著小阿斗回娘家時，趙雲怕小王子淪爲吳國人質，在第一時間上船搶人。可見，他不只智略武功讓人印象深刻，而且深入劉備家庭，讓劉備對他的信任和依靠，愈來愈深厚，以至於當他們攻下四川時，劉備立刻嘉獎他：「趙雲啊，這棟別墅太漂亮了，就給你吧！」

想想看，如果我們是趙雲，我們會怎麼選擇呢？

還記得嗎？趙雲一生，從來沒有站在權力地位這邊，永遠站在人民那邊。所以，在那個瞬間，趙雲很訝異：「我們打天下，就是爲了保護人民，怎麼可以接收他們的房子呢？」

趙雲這輩子，勸諫過劉備兩次。這一次，還帶著理想的劉備，聽進他的話，安定了整個益州；第二次，夷陵大戰前，他堅持「魏國才叫做國賊，怎麼可以不伐魏而伐吳？」不聽勸阻的劉備大敗衰亡。

勸阻劉備，是趙雲形象的分水嶺，在這之前，無論多麼勇武，他就是個配角，保護每一個比他更重要的人。自此而後，趙雲的力量、趙雲的人格，刻畫得愈來愈深層、愈來愈有光亮。魏國五路攻蜀時，他守住陽平關，萬夫莫敵；南伐孟獲，相信國家安定了，才有希望；第一次北伐，一出場就解決韓德一家五名武將，神威凜然；在漢水單槍匹馬救黃忠；偃旗息鼓，等於在孔明還沒施展「空城計」以前，就先施了「空營計」，只一個趙雲，就讓人覺得後面不知道藏著多少凶險。

用自律做基礎，趙雲才能用一種無所阻攔的「自由」，從小配角，壯大成強烈的英雄形象。

趙雲在對決時發現姜維之能，和諸葛亮設計用夏侯楙來換姜維，姜維加入蜀國陣營，預告新世代即將崛起。街亭潰敗，諸葛亮空城斷後，仍嘉許治軍嚴謹的趙雲軍隊損失最少，趙雲還是扛起責任，和諸葛亮一起降職。當舊世代的光燄在慢慢消失時，有一種永遠不滅的熱情和渴望，繼續在守護蜀國、守護三國、守護每一個在文字裡感動過、沉迷過的人。

趙雲已然消失，他的故事、他的精神，還繼續在「創造」中。

有人認爲，趙雲幾十年征戰，依然俊美，應該是女人，還編造出大陸考古隊新出土的劉備手稿來證明。有人著迷傳說，趙雲曾對妻子慨嘆：「多年戰場廝殺，不曾受過傷、流過血。」妻子拿起繡花針刺了他的手臂笑說：「這不就流血了嗎？」沒想到，趙雲血流不止而壽終，進而強行解釋，趙雲是血友病患者，血漿中缺乏凝血因子，又缺乏有效急救，這個英雄竟然以這麼不值得的「反英雄形象」，終結一生。

想像一下，趙雲是個女人的樣子，或者，用自己的方法，爲懸疑的「推理繡花針命案」推理一番。這些「再創作」，有趣嗎？如果這都不是我們能夠接受的趙雲形象，再想一想，趙雲，還可以是什麼樣子？

4 偷魏換晉司馬懿

有一本書很有趣，叫做《在自己的房間裡旅行》。作者是二十七歲的年輕軍官薩米耶．德梅斯特（Xavier de Maistre），他在私鬥中被逮捕，禁足四十二天。窗外，剛好是熱鬧的嘉年華季節，他被關在房間裡，釋放想像力，把平常習以爲常的小東西，串出各種自由遊走的聯想和回憶，在自由被剝奪的時候，展現在生命困頓時的自得其樂，拓展出一種閱讀和書寫的典範，拉高視野高度，超越現實侷限，張望無邊界的自由。

我們經歷每一段學習過程，如果能夠配備這種「在房間裡旅行」、「在一本書裡旅行」、「在一段歷史裡旅行」的特異超能，就可以像「超人特攻隊」一樣，打破平凡生活的限制，過得更有力量，當然也活得更有樂趣。

首先，想像著自己坐在一架神奇的時空小飛機，從固定的單一平面拉高。因爲視野變高了，我們看到的時間和空間，就會拉長、拉遠，前後追溯個一百年、兩百年、三百年，甚至把幾百年、幾千年都當做一小片「風景」。這時，生命就拓展出恢弘的廣度，然後找出規則，區別出這一片風景和那一片風景的差異，在「整體對照」和「比較差異」中展現出深度。

這趟「俯瞰三國」的輕航程，我們像「歷史觀光團」的旅客一樣，趴在觀景窗前，大片、大片地對照著微縮後的「時空背景」，以及放大了的「戰爭效應」，準備好「歷史劇場」的舞台背景，接著，讓每一個不同個性、不同際遇的英雄登場。既然花時間跟上這個「歷史觀光團」，還可以花更多心力深入閱覽，選擇自己喜歡的主角，靠著從內在激盪出來的熱情，以及外在線索綜合出來的知識，用自己的視角，投射出一段又一段隨著年齡增長慢慢修正、改變的判斷和解釋。

從最偏遠的東吳出發，用孫堅的建國藍圖，以領導者的宏觀，掃描長期被忽略、其實並不弱的孫家天下。接著在應該是配角，卻常常被當做正統的蜀漢群雄裡，選擇趙雲，像參觀「生物演進史」一樣，觀察他從「應該是配角」的宿命裡，逆轉格局，逐漸占據英雄正統。

最後，如果讓大家在曹魏世界裡，自由選出一個代表人物。想想看，會有哪些候選人進入「初選」，讓我們做最後的篩選呢？

曹操嗎？他太早離開三國劇場，連夷陵大戰都沒趕上，又不像孫堅，用孫策、孫權來執行他的爭霸接力計畫。他的接班人曹丕，在人才濟濟的英雄舞台上，也不夠亮眼。論打仗，比不上弟弟曹彰；曹軍逆襲袁紹後，他看到敵方陣營的大美女甄宓，寶劍「哐」地一聲掉了下去，一時神魂顛倒；但論起談戀愛做文章，又不如另一個弟弟曹植那樣名震天下。

曹魏因爲資源豐厚，吸納了當代最多的謀臣、武將，有誰特立獨行，形塑出強烈的英雄形象嗎？也許是因爲曹操太強，在他的團隊裡，很難舉出誰能勇冠群英，或者也可以說曹操的危機意識太過敏銳，任何一個強人出頭，總躲不了提早出場的「修剪工程」。亦臣亦友的楊修，識破他的心計就被賜死；被曹操讚爲「吾之子房」的傑出戰略家荀彧，在反對曹操晉爵魏公時被迫自殺……，只有深識時務、懂得韜光養晦的司馬懿，慢慢、慢慢從邊緣擠進核心，直到在曹操身後，終於讓整個司馬家都占穩了根基。

司馬懿比諸葛亮大兩歲，卻幾乎比他多活了二十年。在黃巾亂起的三國起點，司馬懿五歲、諸葛亮兩歲，兩個孩子接受同樣的時空撞擊；官渡大戰，錯亂的軍閥混戰在迅速重組中，形成驚人的勢力消長，司馬懿二十一歲、諸葛亮十九歲，在最純眞、最瘋狂、最充滿理想和渴望的青春時候，兩個人不約而同張望著世界的可能，各自拼組出熱烈、期待和夢想。

赤壁大戰，二十七歲的諸葛亮出盡鋒頭，帶著濃烈的希望實踐他在「隆中對」提出來的政治理想。司馬懿卻得等到四十歲才從「坐冷板凳」的候補位置，找到上場機會。西元二一九年，關羽包圍樊城，逼近許都，曹操嚇得急著要遷都，只有司馬懿堅持不要異動，他算定吳國很快就會北攻，在人人都想退走的瞬間，「再等一下，時間絕對不會拉遠」的堅持，成爲司馬懿生命中的豪賭，果然，吳國開始北進，關羽死在這一年。

司馬懿的「初賽」，雖然打得漂亮，還是沒有擠進「決賽」。直到第二年曹操病死，曹丕繼位後，他才找到大開大合的機會。諸葛亮初出祁山，聲勢驚人，連孟達都以爲蜀國會統一天下進而叛反魏國時，司馬懿跳過「請示皇帝」的延宕，在最短、最有效的時間裡，平定孟達叛亂，迅速的軍事行動力，凸顯他足以跟諸葛亮對決的力量。

很多人喜歡用「死諸葛嚇走活司馬」來強化這兩個軍政天才的對決衝突，其實，他們「同台演出」的時間很少，而是各自在不同的生命舞台，努力實踐自己的生命渴望。

司馬懿起步得晚，拒遷都、殺孟達，是他最正向精彩的兩次「主場秀」，到了和諸葛亮對決時，接受女裝的侮辱，謹守拒戰策略，以及一路落入算計，直到天降大雨，澆熄火燒上方谷的窮途末路，都是因應諸葛亮光環設計出來的「戲劇效果」。諸葛亮鞠躬盡瘁，經營一種「不確定的可能」，終究無功而失敗；司馬懿經過多年歷練，年輕時的夢想慢慢發展成權謀和野心，從四十歲經營算計到七十歲，等待一個「確定的機會」，終於成功地偷魏換晉。

還記得嗎？在讀三國的最初，透過一條又一條計算用的橫線，認識三的魔法。透過一個簡單的「三」字，寫出單純、安定，也預告著生生不息的未來。

我們再看看「甲骨文」裡的「四」怎麼寫？瞧！畫成四條線的「亖」，仍然延續著「畫線做記號」的習慣，只是，人們開始擔心，如果要表示「九」，不就要畫九條線？如果要表示十幾、二十，還有更多更多的數字呢？一想到拿著刻字刀，要把這麼多筆畫刻在甲骨上，簡直是不可能的任務。這時，聰明的人們決定發明一些不一樣的符號。

到了比甲骨文更晚一點的年代，人們使用的文字叫做「金文」，四就寫成「」。好像從這個「四」出現以後，計數文字，形成了重大的翻轉和改變，簡直就是一場小小的「字的革命」，不只在計數書寫時變繁複

了，字的發明更多元、更繁複，生活也多出原來想像不到、也計畫不來的各種色彩。

四，成爲一種逆轉，同時也形成嶄新的秩序。三是一種重複的旋律，四卻形成規則的安定，東西南北、春夏秋冬、福祿壽喜……，我們在四的規則裡，慢慢找到了天長地久的信心和溫暖。

司馬懿，就是這樣逆轉而又安定的第四股勢力。終結了延續近百年的三國爭霸，也在「天下合久必分」的破碎拼圖裡，開啓了「分久必合」的希望。

這些年，我們對三國人事物的認識，越來越華麗，也越來越強調聲光刺激。像天下合久必分，各自沉醉在電視、電影、卡通、漫畫、電玩、遊戲……，熟悉著不同的將軍、戰場、兵器、法寶，甚至還有一些奇特的模擬考卷，一回合又一回合地用三國典故來考試。

在這樣熱鬧而破碎的聲光環境裡，越是凸顯出，靜靜讀書，有一種深沉豐富的情調。讀完「時空背景」、「戰爭脈絡」到「英雄形象」這三卷充滿魔法魅力的三國故事，繼續延伸的第四卷，秩序地整理出時間和人物的對照表，讓我們可以更深入地擁抱三國世界。

混亂，不能長久，過度揮霍的興奮刺激，到最後都成爲疲倦和消耗。這時，我們更了解，天下終究要「分久必合」，有機會找到方法，對字，多一點感覺；對每一個英雄人物，多一點熱情；對每一段過往故事的前因後果，多一點綜合對照和判斷，這樣，我們就可以輕鬆地讀書，快樂地擁抱比聲光影像更豐富的美麗和自由。

卷四

三國的藍光片

1. 《三國演義》大事年表
2. 三國人事對照表

1

《三國演義》大事年表

年份	年號	事件
一八四年	故事剛開始 中平元年	二月，張角臥底馬元義被告發，黃巾之亂提前。 三月，劉關張桃園三結義。 六月，盧植囚車回京，董卓代職。 七月，張角病死→張梁在曲陽戰死；張寶被屬下嚴政刺殺→黃巾之亂平。
一八七年	中平四年	十月，孫堅因鎮壓叛亂有功，被封烏程侯。
一八九年	光熹元年 昭寧元年 永漢元年 中平元年	四月，靈帝劉宏駕崩，享年三十四歲；由十四歲的少帝劉辯繼位。 八月，何進被何太后和十常侍暗殺；十常侍投江自盡；袁紹盡殺近五千名宦官，董卓趁亂進京洛陽。 九月，董卓廢少帝，指定陳留王劉協繼位爲獻帝；曹操計畫七星寶刀刺殺董卓，敗逃。 十二月，袁紹、曹操等人紛紛起兵，群雄割據。

一九〇年　初平元年

一月，董卓派人殺死少帝。袁紹、曹操組織反董卓聯盟十八路十七鎮：第一鎮南陽太守袁術；第二鎮冀州刺史（鄴郡太守）韓馥；第三鎮豫州刺史孔冑；第四鎮兗州刺史（濮陽太守）劉岱；第五鎮河內太守王匡；第六鎮陳留太守張邈；第七鎮東郡太守喬瑁；第八鎮山陽太守袁遺；第九鎮濟北相鮑信；第十鎮北海太守孔融；第十一鎮廣陵太守張超；第十二鎮徐州刺史陶謙；第十三鎮西涼太守馬騰；第十四鎮北平太守公孫瓚；第十五鎮上黨太守張揚；第十六鎮長沙太守孫堅；第十七鎮南皮太守袁紹；第十八路是沒有官職的劉備。

三月，董卓聽李儒的建議，火燒洛陽；**孫堅得古井玉璽**；劉岱假「喬瑁不借兵糧」名義殺死喬瑁，取得東郡，退出組織。

一九一年　**變化極快的一年**
初平二年

二月，華雄前往汜水關，孫堅應戰，因袁術不借兵糧而敗；袁術的俞涉和韓馥的潘鳳都被華雄殺死；**關羽溫酒斬華雄**，大戰虎牢關。

三月，武安國王匡方悅單挑呂布被殺，**劉關張三英戰呂布**，平手；孫堅返回長沙卻被劉表擊敗

→反董卓聯盟解散。劉岱、張邈投靠曹操；鮑

信爲平定黃巾戰死；韓馥被袁紹騙取鄴郡；袁紹統一冀州；劉備奔投公孫瓚。
十二月，孫堅在襄陽遭受蒯良落石，被呂公、黃祖射殺。（時值農曆歲末，西曆已跨入一九二年）

一九二年 曹操崛起
初平三年

一月，袁紹和公孫瓚大戰界橋大敗。
二月，王允使用連環計→鳳儀亭事件。
四月，董卓被殺，李傕、牛輔等親戚一律處死；呂布偷襲曹操。
六月，李傕、郭汜趁亂掌握長安，殺死王允等人；曹操收服青州兵三十萬。

一九三年 初平四年

北海相孔融遭黃巾軍遺軍管亥包圍，太史慈向劉備求援。
九月，徐州太守陶謙遣張闓護送曹操之父曹嵩→張闓殺曹嵩，曹操遷怒陶謙。

一九四年 興平元年

一月，曹操怒攻徐州，劉備、孔融聯防。
二月，呂布趁亂偷襲兗州。
十月，許褚投靠曹操。
十二月，陶謙病死，將徐州託付劉備；張繡離開李傕投靠曹操；馬騰討伐李傕。

一九五年 興平二年

四月，呂布的屬下郝萌在定陶輸給曹操。
七月，呂布兵敗投靠劉備。

一九六年 魏、吳初穩
建安元年

一月，獻帝逃回洛陽。
九月，曹操擁立獻帝。楊彪離間李傕、郭汜。
十月，呂布因曹豹被殺奪徐州。
十二月，孫策以玉璽向袁術借三千鐵甲兵，打敗劉繇、嚴白虎、王朗，統一江東。

一九七年 建安二年

曹操誘張繡嬸母，張繡叛曹操。
三月，袁術自立為成皇帝，陳蘭、雷薄當山賊。
五月，曹操攻打張繡大敗，典韋、曹昂、曹安民爲他而死。
九月，孫策、呂布、曹操、劉備討伐袁術。

一九八年 建安三年

楊醜殺死張揚，眭固又殺死楊醜投靠袁紹。
四月，曹操大敗張繡、劉表。
十二月，曹操水淹呂布，呂布、陳宮被殺，曹操招降張遼、殺高順。

一九九年 雙雄對決
建安四年

一月，袁紹滅公孫瓚，統一河北；曹操許田圍獵，勢力穩固。

二〇〇年 建安五年

三月，曹操和劉備煮酒論英雄。
五月，劉備討伐袁術失徐州。
六月，袁術南陽大敗，紀靈被張飛殺死；壽春失守，陳紀、樂就戰死，袁術病死，家人被陳蘭、雷薄所殺。
十二月，張繡投降曹操；禰衡裸衣罵曹操。
一月，官渡之戰，曹操大敗，董承計殺曹操被識破；劉備、簡雍投靠袁紹，關羽投靠曹操，張飛占據古城。
二月，白馬之戰，關羽斬顏良誅文醜。
三月，關羽過五關斬六將。
四月，孫策被暗殺，孫權繼位；劉備、關羽、張飛古城會，趙雲聚義。
九月，官渡大戰。十月，火燒烏巢，蔣奇、淳于瓊被斬；張郃、高覽降曹操。

二〇一年 建安六年

劉備襲許都失敗投靠劉表；平定張武陳孫之亂，得馬「的盧」，接新野太守。

二〇二年 建安七年

五月，袁紹病死；袁尚、袁譚爭位。

二〇三年　建安八年

二月，袁尙黎陽大敗。

十一月，凌操被甘寧射死。

二〇四年　建安九年

七月，曹操平定冀州，袁譚投靠曹操打袁尙。

二〇五年　建安十年

一月，袁譚被殺，曹操平定青州。

二〇六年　建安十一年

三月，曹操打敗高幹，平定幽州。

二〇七年　建安十二年

八月，曹操攻打烏桓。

九月，郭嘉病死；袁尙、袁熙被公孫度所殺。劉備遇見水鏡先生；徐庶大破曹仁八卦陣；曹操設降徐庶。

二〇八年　輝煌的一年

建安十三年

一月，**劉備三顧茅廬**。

三月，孫權大破江夏；禰衡被黃祖所殺，黃祖被殺，甘寧等人投靠孫權。

七月，曹沖亡。

八月，曹操殺孔融；劉表病死，劉琮繼位降曹操；蔡瑁、張允成爲水軍大都督。

九月，**趙雲在長坂坡救阿斗**，張飛大鬧長坂橋。

十月，諸葛亮說服孫權戰曹操，舌戰群儒；曹操誤斬蔡瑁、張允；諸葛亮草船借箭；鞭打黃蓋；龐統連環計。

十一月，諸葛亮借東風，赤壁大戰，曹操敗走華容道，撤回許都。

十二月，劉備占江陵，劉度因子劉賢說降劉備；趙範因屬下鮑龍陳應被殺，降劉備；鞏志射金旋，魏延殺韓玄降劉備→劉備取四郡，終於立足江南。

二〇九年　建安十四年

一月，孫權合肥大敗；劉備之妻甘夫人病死。

十月，劉備和孫仁結婚。

二一〇年　建安十五年

一月，劉備完婚返回荊州；三氣周瑜。

三月，銅雀臺完成。

二一一年　建安十六年

二月，馬騰、馬休、馬鐵被曹操殺死。

三月，馬超、韓遂占領長安潼關；馬超逼曹操割鬚棄袍（第三次水困）並裸衣戰許褚。

五月，龐統投靠劉備。

十二月，馬超戰敗退回隴西，劉備討伐張魯。

二一二年　建安十七年　一月，孫仁返回吳國。
三月，孫權聽從張紘之議遷都建業。
十月，荀彧、荀攸因反對曹操當魏公，被迫自殺。
十二月，劉備攻打劉璋。

二一三年　建安十八年　五月，曹操自稱魏公。
七月，龐統被張任射殺。
八月，馬超中賈詡離間計大敗，投靠張魯。

二一四年　建安十九年　一月，馬超、劉璋投降劉備；劉備自稱益州牧，封五虎將。
十一月，曹操殺伏完、伏太后，準備將女兒嫁給獻帝。

二一五年　建安二十年　一月，獻帝和曹操之女完婚。
七月，張魯投降曹操。
八月，諸葛亮把一半的荊州給吳國，吳國攻打合肥。

二一六年　建安二十一年　五月，曹操自稱魏王。

二一七年　建安二十二年　十二月，魯肅病死，呂蒙繼承大都督。

二一八年　建安二十三年　一月，耿紀刺殺曹操失敗。
四月，曹彰大破烏丸。張飛取三巴，趙雲空營計。

二一九年　建安二十四年　一月，黃忠斬夏侯淵。
五月，曹操撤退漢中。
七月，劉備取得漢中，劉備自稱漢中王。
八月，關羽包圍樊城。
十月，水淹七軍殺龐德。
十一月，魏吳聯手，關羽敗走麥城，荊州失守。
十二月，關羽被斬。（時值農曆歲末，西曆已跨入二二〇年）

二二〇年　初康元年
黃初元年　一月，曹操、呂蒙病死。
九月，劉備斬劉封，孟達降魏。
十月，曹丕篡位自稱魏皇帝，東漢亡；陳群提出「九品官人法」。

二二一年　武章元年　四月，劉備自稱蜀皇帝。
六月，劉備伐吳，張飛被范疆、張達暗殺。

二二二年	黃武元年	二月，夷陵大戰，陸遜成爲東吳都督。 六月，劉備敗夷陵，黃忠、馮習、張南戰死。 九月，曹丕攻打吳國大敗。
二二三年	建興元年	四月，劉備病死白帝城。
二二四年	建興二年	八月，曹丕攻打吳國大敗。
二二五年	建興三年	三月，孟獲造反，諸葛亮南征。 十一月，兀突骨被火燒死，孟獲投降蜀國。 十二月，諸葛亮返回成都，準備北伐。
二二六年	建興四年	五月，曹丕病死；曹叡二十三歲繼位。
二二七年	太和元年	諸葛亮上出師表。
二二八年	太和二年	一月，司馬懿殺孟達，平定襄陽之亂。 二月，諸葛亮一出祁山，打敗夏侯琳，趙雲斬殺韓德、韓瑛、韓瓊等父子五人，收服姜維、梁緒等大將。 三月，馬謖失街亭。

五月，諸葛亮揮淚斬馬謖，諸葛亮降爲左將軍。
八月，周魴詐降曹休大敗，憤恨而死。
九月，諸葛亮呈後出師表，趙雲病死。
十二月，諸葛亮二出祁山，進攻陳倉。

二二九年 黃龍元年

四月，諸葛亮三出祁山，攻陷武都、陰平。孫權成爲吳皇帝。

二三〇年 黃龍二年

七月，曹眞、司馬懿攻漢中，因連綿下雨而撤退。諸葛亮四出祁山，逕出箕谷、斜谷。

二三一年 黃龍三年

諸葛亮五出祁山，司馬懿堅守拒戰，張郃戰死。
九月，李嚴疏職運糧，假傳令諸葛亮班師，因此被免職。

二三四年 青龍二年

一月，諸葛亮聯吳六出祁山，火燒上方谷困司馬懿父子，但因下雨而失敗。
八月，諸葛亮病死五丈原，司馬懿撤退。
九月，魏延叛亂被誅三族。
十月，諸葛亮安葬定軍山。

二三七年　初景元年　公孫淵和卑衍、楊祚叛魏；陸遜、諸葛恪打敗山越族首領潘臨。

二三八年　延熙元年　赤烏元年　司馬懿平定遼東。明帝曹叡病死，享年三十八歲；養子曹芳繼位。

二四〇年　正始元年　張嶷平定南中蠻族之亂。

二四一年　正始二年　四月，孫吳攻打魏國的荊州。五月，孫吳皇太子孫登病逝。六月，司馬懿帶兵救荊州。

二四五年　正始六年　陸遜病死，諸葛恪繼位都督。十一月，蔣琬、董允病死，黃皓掌權。

二四九年　嘉平元年　司馬懿殺死曹爽三族；夏侯霸投奔蜀國。

二五〇年　嘉平二年　孫權廢太子孫和，孫霸自殺，改立孫亮爲太子。

二五一年　神鳳元年　建興元年　王允之孫王淩呼應姜維叛變，被司馬懿平定。八月，司馬懿病死。

二五二年　神鳳二年　建興二年　四月，孫權病逝，由十歲的孫亮繼位。

二五三年　神鳳三年　建興三年　一月，魏國降人郭循刺死大將軍費禕；諸葛恪攻打合肥大敗，孫峻殺死諸葛恪。

二五四年　正元元年　五鳳元年　司馬師廢曹芳，由曹髦繼位。

二五五年　正元二年　五鳳二年　魏國率兵攻打東吳，被陸抗、諸葛恪擊退。毌丘儉、文欽叛亂，被司馬師平定。司馬師病死。

二五七年　甘露二年　太平二年　諸葛誕叛變。

二五八年　景耀元年　永安元年　孫亮被貶爲會稽王，由孫休繼位。司馬昭滅殺諸葛誕，封晉公。

二六〇年　景元元年　曹髦被成濟殺死，曹奐繼位。

二六三年　炎興元年　蜀國劉禪降魏；子劉諶祭宗廟，先殺妻兒子女後自殺。

二六四年　元興元年　姜維叛魏；鄧艾、姜維、鍾會等人被殺。七月，孫休病逝，孫皓繼位。

二六五年　咸熙元年　甘露元年　泰始元年　司馬炎篡位創立晉朝。

二七四年　鳳凰三年　陸抗病死。

二七七年　天紀元年　文鴦擊破鮮卑族，部落歸降。

二七九年　天紀三年　十一月，晉國派王濬、杜預攻打吳國。十二月，馬隆大敗鮮卑，斬殺酋長，涼州完全平定。

二八〇年　太康元年　孫皓投降；三國結束。

——取材於網頁資料，經過校訂、刪補

2 三國人事對照表

200	196	192	189	184	西元年
官渡大戰	迎獻帝，據許都	董卓亡，操據兗州	討董卓	黃巾之亂	大事紀
45	41	37	34	29	曹操 155-220
		37歿	34	29	孫堅 155-192
39	35	31	28	23	劉備 161-223
38	34	30	27	22	關羽 162-220
32	28	24	21	16	張飛 168-221
28	24	20	17	12	魯肅 172-217
26歿	22	18	15	10	孫策 174-200
25	21	17	14	9	周瑜 175-210
21	17	13	10	5	司馬懿 179-251
21	17	13	10	5	龐統 179-213
19	15	11	8	3	諸葛亮 181-234
18	14	10	7	2	孫權 182-252
17	13	9	6	1	陸遜 183-245
					陸抗 226-274

	229	222	221	220		208
	吳 建 國 229-280	夷陵大戰	蜀 建 國 221-263	魏 建 國 220-265		赤壁大戰
				65歿		53
	西元223 62歿	61	60	59		47
				58歿		46
			53歿	52		40
					西元217 45歿	36
					西元210 35歿	33
西元251 72歿	50	43	42	41		29
					西元213 34歿	29
西元234 53歿	48	41	40	39		27
西元252 70歿	47	40	39	38		26
西元245 62歿	46	39	38	37		25
西元274 48歿	3					

三國的時間流動，可以扣緊「官渡大戰」、「赤壁大戰」和「夷陵大戰」這三場最重要的戰爭，做爲三國歷史的縱向發展。亂烘烘的軍閥割據，因爲官渡大戰，北方慢慢的統一；通過赤壁大戰，像不安定的反應分子，每個人都覺得好像我有機會統一全國，每一個人都在籌劃、蠢動著；直到夷陵大戰，劉備死亡，接著他們才各自經營自己的國家。

很明顯地可以看出，空間版圖是由北往南移動。官渡大戰發生的地點集中在北方黃河一帶；赤壁大戰往南移，聚集在黃河以南、長江以北，兩場戰爭裡的眞正大軍，都集中在曹操手裡。接著，夷陵大戰再往南移，繞著長江流域，全都是南方軍的作戰。

在這個清楚的時空背景裡，並置幾個重要的人物出生紀年和年齡，橫向對照，對這些英雄人物的年齡，一展長才的機會，以及人物之間的應對關係，更容易建立起讀三國的整體概念。

九歌小教室 06

輕鬆讀三國
對字，多一點感覺！3

著者　黃秋芳
責任編輯　鍾欣純
發行人　蔡文甫
出版發行　九歌出版社有限公司
臺北市105八德路3段12巷57弄40號
電話／02-25776564・傳真／02-25789205
郵政劃撥／0112295-1
九歌文學網　www.chiuko.com.tw
印刷　晨捷印製股份有限公司
法律顧問　龍躍天律師・蕭雄淋律師・董安丹律師
初版　2013年1月
初版2印　2017年9月
定價　**240元**

書號　0176406
ISBN　978-957-444-863-0
（缺頁、破損或裝訂錯誤，請寄回本公司更換）

國家圖書館出版品預行編目資料

輕鬆讀三國: 對字,多一點感覺!. 3 / 黃秋芳著. –初版. -- 臺北市：九歌, 民102.01
面； 公分. -- (九歌小教室 ; 6)

ISBN 978-957-444-863-0(平裝)

1. 漢語教學 2. 中國文字 3. 小學教學

523.311 101023865